明智光秀と本能寺の変

小和田哲男

PHP文庫

○本表紙図柄＝ロゼッタ・ストーン（大英博物館蔵）
○本表紙デザイン＋紋章＝上田晃郷

伝　明智光秀像
（岸和田市・本徳寺蔵）

文庫版まえがき

私が『明智光秀―つくられた「謀反人」―』を上梓《じょうし》してから、明智光秀および本能寺の変に関する研究はかなり進んだ。本書はその文庫化なので、誤植の訂正とか、地名を合併後の地名に書き直すなどにとどめ、本文にはほとんど手を加えていない。その代わり、この「文庫版まえがき」で、上梓後の新しい研究状況にふれ、現在の私の考えを述べることにしたい。

まず、光秀の出自に関してであるが、私自身は『続群書類従』所収「明智系図」や『系図纂要』所収「明智系図」、さらには『尊卑分脈《そんぴぶんみゃく》』などを使って系譜関係を考察し、「立入《たてり》左京亮入道隆佐記」に記されている「美濃国住人ときの随分衆也」とあるのに依拠して、光秀は土岐《とき》氏の一族明智氏につながる者であると考えた。

この系譜に関しては、土岐氏の研究で知られ、『美濃・土岐一族』という著書もある谷口研語氏が『明智光秀 浪人出身の外様大名の実像』(洋泉社歴史新書y、二〇一四年)の中でそれら系図類にふれ、「土岐明智氏の系図類は、すでに南北朝時代、明智氏起立の段階から錯綜《さくそう》しており、明智氏の発祥について、現存する系図類のいうところは、ほとんど信用できない」としており、系図から出自を追うことのむずかしさを述べている。ただ、谷口氏も、室町幕府の奉公衆に明智一族がいたことは認めており、「美濃国住人ときの随分衆」ということはいえるのではなかろうか。

さて、その奉公衆という視点で注目されるのが小林正信氏の『明智光秀の乱』（里文出版、二〇一四年）である。小林氏はそれら系図類も検討した上で「明智光秀とは誰なのか」、「明智光秀になった奉公衆」という視点で諸史料を考察し、結論として、奉公衆の進士晴舎《しんじはるいえ》の子藤延《ふじのぶ》が明智光秀になったとする解釈を示している。

実は、「明智氏一族宮城家相伝系図書」に、「伝曰、光秀、実ハ妹聟進士山岸勘解由左右衛門尉信周之次男也」とあり、進士信周《のぶちか》の子だったという所伝があることについては私も本書でふれている。しかし、進士藤延が明智光秀になったと指摘したのは小林氏がはじめてであろう。このあたり、今後の検討が必要である。

なお、本書で私は、谷口克広氏の『織田信長家臣人名辞典』（吉川弘文館、一九九五年）の明智光秀に関する部分で、『永禄六年諸役人附』に「明智」とあるのに注目し、「光秀が義輝将軍の代からの幕臣だった」としているのをうけ、光秀が弘治二年（一五五六）の明智城落城後、上洛し、将軍義輝に仕えたと理解してきた。ところが、その後の研究で、『永禄六年諸役人附』は、後半が十五代将軍義昭の頃のものであることが明らかにされている。義輝に仕えたという経歴については訂正したい。

ところで、本書の主題は光秀の履歴をできるだけ明らかにすることと、もう一つ、光秀がなぜ本能寺の変をひきおこしたかの解明にあった。私は、従来の怨恨説・天下取りの野望説・朝廷黒幕説などについては納得できないという思いを抱き続けていた。

朝廷黒幕説を含む様々な形の黒幕説については、すでに藤本正行氏が『本能寺の変 信長の油断・光秀の殺意』（洋泉社歴史新書y、二〇一〇年）で明快に批判を加えており、私自身が付け加える余地はない。

私の主張は、本書をお読みいただければ明らかなように、信長非道阻止説である。正親町《おおぎまち》天皇に対する譲位の強要とか、暦《こよみ》に対する口出しなどを、すぐ側でみていた光秀が、それ以上の信長の暴走を阻止するためにおこしたクーデターであるととらえた。

ところが、ここにきて、信長と正親町天皇は対立関係にはなかったという研究があらわれた。金子拓氏の『織田信長〈天下人〉の実像』（講談社現代新書、二〇一四年）である。たとえば、天正九年（一五八一）二月二十八日の京都馬揃えを、私は信長軍団の威容をみせつける示威行動だったととらえ、その軍事的圧力によって、正親町天皇の譲位をかちとろうとしたと考えたわけであるが、金子氏は、前年末に亡くなった正親町天皇の嫡男誠仁《さねひと》親王の生母新大典侍局の喪明けに、誠仁親王を励ます目的で開かれたもので、正親町天皇・信長双方の要望であり、軍事的威圧ではなかったとする。

このあたり、見解の相違ということになるが、このように二〇一四年は、光秀および本能寺の変に関する注目すべき研究があらわれてきた。そして、もう一冊、明智憲三郎氏の『本能寺の変　431年目の真実』（文芸社文庫、二〇一三年末）についてもふれておかなければならない。著者略歴によると、憲三郎氏は、明智残党狩りの手を逃れた光秀の子於寉丸《おづるまる》の子孫ということであるが、於寉丸という子ども自体、よくわからない。

明智憲三郎氏の主張は、一族滅亡阻止説という点と、もう一つ、信長は家康をおびき出すために、わざと少ない伴だけで本能寺に滞在したとし、家康を討つ計画だったとする。私にいわせれば、この二つの結論はありえない。もっとも、一族滅亡阻止説を「殺られる前に殺る」と広く解釈すれば、その可能性はなかったとはいえないといった程度である。

ここ数年の間に、光秀および本能寺の変にかかわる遺跡の発掘、さらに文書の発見が相ついだことも特筆される。

本能寺址は二〇〇七年から二〇〇八年にかけて発掘調査が行われた。従来、本能寺を含む京都の法華宗寺院が、堀や土塀を築き、要塞としての機能を備えていたことは指摘されていた。発掘の結果、そのことがたしかめられたわけであるが、もう一つ注目されたのは、出土した瓦の中には焼けていないものもあったという点である。これまで、ルイス・フロイスの『日本史』などの記述によって、火の勢いが強く、「だから遺骨も灰燼《かいじん》に帰したのだ」とされてきたが、どうも、本能寺すべてが焼け落ちたわけではなかったらしい。

そのことと関係し、従来は本堂に信長がいたとされてきたことも見直しが進み、境内の一画に、信長専用の御殿が建てられていたらしいことも明らかになってきており、本能寺の変当時の本能寺そのものも、これから研究が進むものと思われる。

文書の発見という点では、何といっても注目されるのは「石谷家《いしがい》文書」であろう。石谷家というのは美濃の武士で、幕府奉公衆であった。その家に伝わった四十七点の文書の中に、本能寺の変に関係する文書が数点含まれていたのである。「石谷家文書」自体は岡山市の林原美術館に所蔵されていたものであるが、同館と岡山県立博物館との共同研究により世に出る形となった。それが二〇一四年六月なので、私自身も本書執筆の時点ではみておらず、「文庫版まえがき」のこの場を借りて若干の解説を加え、本能寺の変とのかかわりについてふれておきたい。

まず、文書に登場してくる人物の関係を略系図で示しておこう。

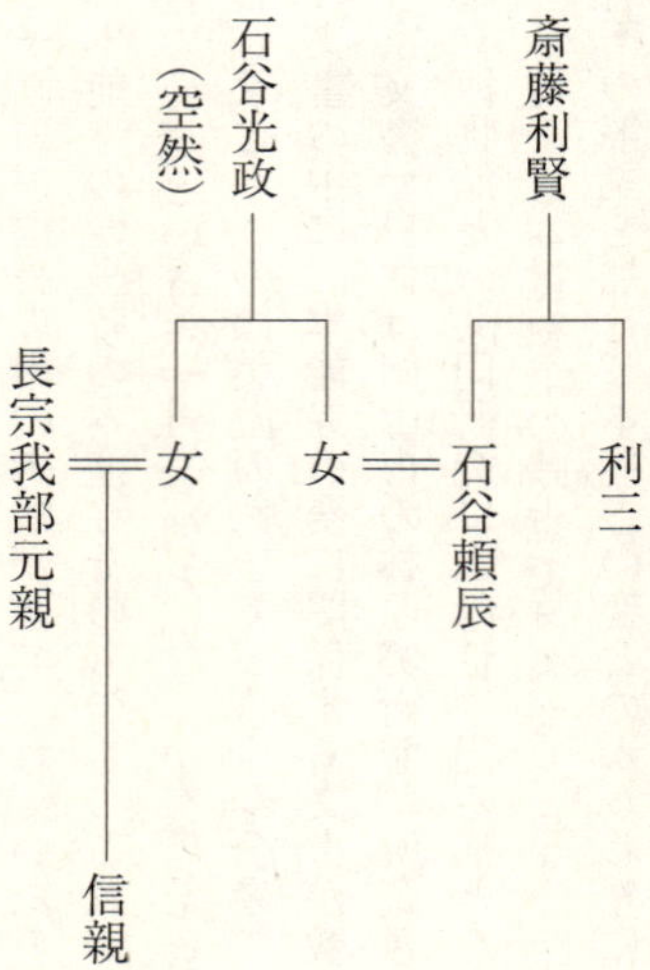

光秀の家老斎藤利三《としみつ》の兄頼辰《よりとき》が奉公衆石谷光政（出家して空然《くうねん》）の娘と結婚し、光政の婿養子となった。その光政の娘のもう一人が長宗我部元親の正室となっていたのである。

「石谷家文書」の中に、天正十年（一五八二）正月十一日付の石谷空然宛斎藤利三書状がある。この中で利三は、「御朱印之趣も元親ため可然候」といっている。つまり、「元親のためには、信長の朱印状に従った方がよい」とアドバイスしていたことがわかる。この時期、信長が、それまで長宗我部元親に示していた「四国は切り取り次第にしてよい」という方針を撤回し、元親が手にしていた伊予・讃岐を返納させようとしていたのである。信長と元親の取り次ぎ役だった光秀にとっては頭の痛い問題であった。つまり、私が本書でもふれた四国長宗我部問題に直接関係する文書が出てきたことになる。

なお、四十七点の文書の内、本能寺の変に直接かかわるもう一通が同年五月二十一日付、斎藤利三宛長宗我部元親書状である。この中で、元親は、自分が領有していた一宮《いちのみや》城・夷山《えびすやま》城・畑山城などから撤退したことを伝えるとともに、海部《かいふ》城・大西城は確保したいと記しているのである。つまり、元親は阿波・讃岐からの全面撤退を納得していなかったことがわかる。

ただ、この五月二十一日付の元親書状が、いつ利三の手もとに届き、利三から光秀に報告がいつなされたのかはわからない。元親の苦衷《くちゅう》を察した光秀が信長を討つ決意を固めたとみることもできるが、この「石谷家文書」をめぐっての研究はこれからということになろう。まだまだこうした史料が出てくる可能性はあるわけで、本能寺の変の真相についての謎解きはまだ続くことになる。

最後にもう一つ。本書では、本能寺の変のとき、信忠が入って防戦をした二条御所を、永禄十二年(一五六九)、信長が足利義昭のために築いた二条城と記してしまった。その後の研究で、この二条御所は、二条城とは別に、信長が自分の京都滞在用に建てた「二条御新造《ごしんぞう》」を誠仁親王に譲り、そのため二条御所とよばれるようになったものであることが明らかになった。ここで訂正しておきたい。

このように、明智光秀の履歴および光秀謀反の真相は何だったかをめぐり、いま、様々な見解が出されているわけであるが、思いつき的な荒唐無稽ともいうべきものもあり、注意が必要である。

はじめに

明智光秀は謎に満ちた武将である。謎だらけといってもよい。生まれた年も、生まれた場所も、父親・母親の名もよくわからない。織田信長の家臣時代、よきライバルとして功を競ったあの秀吉ですら、光秀よりはるかに低い身分の出と思われるのに、履歴はかなりなまで明らかにされてきている。

そこにはやはり、勝者と敗者のちがいが厳然としてあったといわざるをえない。よく、「敗軍の将、兵を語らず」というが、敗軍の将は、正しい伝記さえ残してもらえないのがわが国の歴史のとらえ方のように思われる。

たとえば、本文の中でもくわしく述べるが、元亀《げんき》元年（一五七〇）四月、信長軍が越前に攻め込んだところ浅井長政《あざいながまさ》の離叛によって退路を断たれたとき、有名な〝藤吉郎《とうきちろう》の金ケ崎退き口《かねがさきのき》〟とよばれるできごとがある。秀吉の武名を天下にとどろかせたものとして知られている。

ところが、実際は、そのとき、光秀も殿《しんがり》をつとめていたのである。秀吉だけがもてはやされ、光秀の武功は消されていると指摘せざるをえない。

私は、PHP新書の一冊として、先年、『石田三成』を執筆した。そのときの私のモチーフは、石田三成の復権であった。「姦臣」とか「佞臣《ねいしん》」といったレッテルを貼られた三成の汚名を滌《すす》ごうとしたのである。

本書『明智光秀』もいわばその延長上にある。日本史上、いくつもの政権交代があり、そのうちのかなりの部分は、クーデターや謀反である。謀反人は史上何人もいるのに、光秀ほど悪くいわれる人物は少ない。なぜ光秀だけが悪者扱いされるのか、これも謎の一つである。

なお、ふつう、敗者には一種の判官《ほうがん》びいきがあって、それなりの追慕の念というものがみられるが、光秀にはそれもない。やはり、秀吉人気にかき消されているとの印象をうける。

光秀という人物は、どうも秀吉の敵役《かたきやく》として位置づけられてきすぎたのではないかと考えている。しかし、実際の光秀は秀吉の真のライバルであった。光秀がいなければ、あの秀吉の活躍もなかったのではなかろうか。

また、光秀にまつわる謎といえば、何といっても本能寺の変の真相は何かということであろう。本書は、これらの謎解きを通じて、少しでも光秀の実像にせまることを目的としている。

一九九八年二月

小和田哲男

明智光秀と本能寺の変　目次

第二章　信長に仕える光秀

第三章 坂本城主への抜擢

第五章 本能寺の変直前の光秀

第六章 光秀謀反の原因は何か

第七章 山崎の戦いと光秀の死

第一章

「歴史以前」の光秀

1 出自・出身地をめぐって

父の名にも諸説

ふだん私たちが何げなく使っている歴史という言葉は、「歴」という字と「史」という字が合体してできたものである。「歴」は、経歴とか履歴などというときの「歴」で、過去におこったできごとのことをいう。

それに対し、「史」は記録の意味である。つまり、歴史は、過去におこったできごとで、それが記録されたもののことをさす。逆にいえば、過去におこったできごとでも、それが記録されていないことには歴史にならないということである。

これは、人間についてもあてはまる。いまの私たちの場合だと、生まれてすぐ、親が市役所などの窓口で出生届をし、「何年何月何日出生」と書かれて記録に残ることになるので、そこから早くもその人の歴史がはじまる。ところが、多くの歴史上の人物の場合には、ある程度目立った活躍をするようになってから記録にみえるのがふつうで、少年時代、青年時代のことは何の記録もないというケースが大多数である。これが「歴史以前」ということになる。

もっとも、ここでは漠然と記録と書いたが、厳密ないい方をすれば、確かな記録といわなければならない。軍記物や小説などの創作されたものや伝説などは記録としての「史」にはなりえない。

明智光秀についてみると、現在までのところ、確かな記録として一番早いのは、永禄《えいろく》十二年（一五六九）四月十四日付、賀茂荘中宛の木下秀吉《きのしたひでよし》との連署状（「沢房次氏所蔵文書」）である。ここにおいて光秀は、秀吉とともに山城《やましろ》国の賀茂荘の知行について将軍足利義昭《あしかがよしあき》の下知《げち》を執行していたことがわかる。

つまり、明智光秀は、永禄十二年四月十四日に、文字通り突然、歴史に姿を現したのである。それより前の光秀は、まさに「歴史以前」であった。

しかし、「歴史以前」にも「歴」はあったはずで、後世成立の軍記物などを手がかりにして、光秀の「歴史以前」の「歴」について、以下、検討を加えていくことにしたい。

明智光秀といえば、織田信長の重臣の一人であり、しかも、その信長を本能寺で討ったということもあって、戦国武将の中では知名度は高い。その光秀の父親の名前がはっきりしていないといっても、すぐには信じてもらえないかもしれない。

いま私が、「光秀の父親の名前がはっきりしていない」といったのは、名前が全く伝わっていないというわけではなく、いくつもの名前が伝わっていて、どれか一つに特定していくのがむずかしいという意味である。

江戸時代に明智氏に関する系図がいくつか作られるが、系図によって光秀の父親の名前はまちまちであった。そのいくつかをみておこう。

まず、光秀の父の名を光綱とするのが「明智系図」(『系図纂要』所収)および「明智氏一族宮城家相伝系図書」(『大日本史料』第十一編之一所収)である。系図ではないが、軍記物の『明智軍記』も光綱説を採っており、史料の多さからすれば、光綱とするものが一番多い。しかし、史料が多いからといってそれが正しいとはかぎらないのが歴史である。

つぎに、「明智系図」(『続群書類従』所収)と、『鈴木叢書』所収の「明智系図」がともに光隆としており、「土岐系図」(『続群書類従』所収)は光国としている。つまり、各種系図からだけでも、光綱・光隆・光国の三説があることがわかる。

さらに、系図以外に広げていくと、光秀の父親とされる名前はもっとふえ、進士《しんじ》信周《のぶちか》としたり、若狭《わかさ》の鍛冶藤原冬広としたり、いろいろである。

「系図に書かれてあることをそのまま鵜呑みにしてはならない」というのが歴史研究の常識なので、現時点では、光秀の父親の名前を断定するだけの材料はなく、不明としかいいようがない。

ただ、「明智氏一族宮城家相伝系図書」に、光綱のところの注記として「本名光隆」とあるのに注目すれば、光綱と光隆は同一人となり、当時、一人の人物が何回も名前を変えることが一般的だった状況とあわせ考えると、光綱＝光隆とする系図が量的には圧倒的となる。いくつかある名前の中では、光秀の父の名が光綱、すなわち光隆とする可能性が一番高いということにはなる。

出身地はどこか

では、光秀はどこで生まれたのだろうか。光秀の父が明智という苗字を名乗っていたことは、光秀がはじめから明智光秀と称していたことからも明らかである。問題は、その明智という苗字の地がどこかである。

明智氏が、美濃《みの》守護土岐《とき》氏の分かれであったことを考えると、当然、苗字の地は美濃国内に求めなければならない。すると、候補地は二カ所にしぼられる。

一つは、現在でも町名に「明智」の二字を冠している岐阜県恵那《えな》市明智町である。そこには、現在、岐阜県の指定史跡となっている明知城址があり、本曲輪《ぐるわ》・二の曲輪などの遺構があり、近くの龍護寺《りゅうごじ》には光秀の供養塔もある。

城内には「光秀産湯《うぶゆ》の井戸」と称する井戸や、「光秀学問所」址に建てられたという「天神神社」などがあり、毎年、「光秀まつり」が行われ、龍護寺に伝わる

「光秀の直垂《ひたたれ》」が展観されている。

もう一カ所は現在の岐阜県可児《かに》市広見《ひろみ》・瀬田《せた》である。こちらの方は、いまは明智という地名はないが、かつて明智荘という荘園があったところであり、現在、明智城（別名長山《ながやま》城）址がある。

ほかに、岐阜県山県《やまがた》市にも光秀出生伝承が残されているが、伝承の域を出ないもので、結局、光秀の出身地は、恵那市明智町の明知城か、可児市広見・瀬田の明智城のどちらかということになる。

本書の執筆にあたって、私は両方の城址とその周辺の詳細な調査を行った。確かに、光秀にかかわる伝承は恵那市明智町の明知城址周辺の方が多い。可児市広見・瀬田の明智城址周辺では、明智城址の麓《ふもと》の一画に、明智氏の平時の居館址といわれるところがあり、「光秀はここで生まれた」という伝承がある程度だった。

しかし、結論としていえば、私は、可児市広見・瀬田の明智城址の方が、光秀の出生地としてはふさわしいのではないかと考えている。

理由は二つある。一つは、恵那市明智町の方は、遠山明智氏ゆかりの土地であって、土岐氏からの分かれである土岐明智氏とはかかわりがないからである。もっとも、地元明智町では、遠山明智氏の遠山景行《かげゆき》と、土岐明智氏の明智光安とを同一人とする系図で一体化を説明しているが、それは無理だろう。

もう一つの理由は、光秀の股肱《ここう》の臣だった溝尾庄兵衛《みぞおしょうべえ》をはじめ、可児左衛門《さえもん》・肥田玄蕃《ひだげんば》といった家臣たちが、可児市広見の出身だという伝承があるという点である。

恵那市明智町の方に、光秀家臣の出身地を示す伝承が今後たくさん出てくれば別であるが、現時点では、私は、光秀の出生地を可児市広見・瀬田と考えておきたい。

生年は享禄元年か

つぎに、光秀がいつ生まれたのかについてみておきたい。人名辞典や日本史辞典の明智光秀の項をみると、大きく三つの表記法に整理される。私の手もとにあるものだけで列記するとつぎの通りである。

(1)生年不詳――『国史大辞典』(吉川弘文館)、谷口克広編『織田信長家臣人名辞典』(吉川弘文館)

(2)享禄《きょうろく》元年？――『朝日日本歴史人物事典』(朝日新聞社)、阿部猛・西村圭子編『戦国人名事典』(新人物往来社)、朝尾直弘・宇野俊一・田中琢編『角川日本史辞典』(角川書店)

(3)享禄元年――高柳光寿・松平年一編『戦国人名辞典』(吉川弘文館)

つまり、享禄元年（一五二八）を軸として、「?」をつけるか、享禄元年説を全く認めないで不詳とするかの三つに分かれるわけである。

ちなみに、(3)享禄元年説を肯定する『戦国人名辞典』の編者の一人である高柳光寿氏自身はその著『明智光秀』の中で、「光秀の年齢はわからない。『明智軍記』に光秀の辞世というのを伝えているが、その中に『五十五年ノ夢』という句がある。だから五十五歳ということに同書はしているのである。けれどもこの書は悪書であり、辞世と伝えるものも全く信用できない。従って光秀が五十五歳であったということも信用ができないけれども、しかし何だかそのくらいではなかったかというような気もする年齢である。そして光秀の年齢はこの書以外には全く所伝がない」と述べている。

確かに、光秀の年齢、つまり、生年をうかがい知ることができる材料は、高柳氏の指摘の通り、『明智軍記』の巻第十に、

逆順無シ㆓二門㆒　大道徹ス㆓心源ニ㆒
五十五年ノ夢　覚メ来テ帰ス㆓一元ニ㆒
明窓玄智禅定門

とある光秀の辞世といわれるもので、没年が天正《てんしょう》十年（一五八二）なので、そのとき五十五歳ということから逆算して享禄元年（一五二八）の生まれといわれるよ

うになったものである。

　にもかかわらず、各種人名辞典・日本史辞典の類が、生年不詳としたり、「?」をつけたりしたのは、『明智軍記』の史料としての信憑性に問題があるからであった。

　そこで、本書でもこのあとたびたび顔を出す『明智軍記』について、その史料としての性格ならびに私の『明智軍記』に対するスタンスについて、あらかじめふれておくことにしたい。

　『明智軍記』は二木謙一氏の校注・監修によってはじめて全文活字化されたが、同書の解題によると、完全な成立は、元禄《げんろく》六年（一六九三）から同十五年の間で、それ以前に成立していた『信長公記《しんちょうこうき》』『朝倉軍談《あさくらぐんだん》』『江源武鑑《こうげんぶかん》』などを参照しながら叙述がなされているという。作者は不詳である。

　表題が示すように、明智光秀を主人公とした唯一の軍記物であり、同書によってしか知ることのできない情報も少なくはない。もっとも、軍記物としての限界から、そのままには信用できない部分も多く、本書では、私は、記載内容を吟味《ぎんみ》しながら使いたいと考えている。

　では、『明智軍記』がいう、光秀享禄元年誕生説はどうなのだろうか。
高柳光寿氏は、さきに引用したように、「光秀の年齢はこの書以外には全く所伝がない」といわれているが、実は、享禄元年説を採る史料がもう一つある。それは、「明智氏一族宮城家相伝系図書」である。そこに、「光秀　享禄元年戊子《つちのえね》八月十七日、生於石津《いしづ》郡多羅云云」とみえる。ここでは、誕生日までみえるわけであるが、ほかの系図には誕生日はおろか、生年さえ記載したものはない。

ただ、「明智系図」(『系図纂要』所収)の光秀のところの注記に、享年を「五十五」としているので、逆算をして享禄元年の生まれということがわかってくる程度である。

もっとも、「明智氏一族宮城家相伝系図書」にしても、『系図纂要』の「明智系図」にしても、『明智軍記』よりあとにできあがったとすれば、『明智軍記』に依拠してそのように記した可能性が高くなり、享禄元年説を補強する材料にはならない。

この「明智氏一族宮城家相伝系図書」に、「生於石津郡多羅云云」とあるのは、光秀出生説の異説の一つであるが、さきに光秀出身地について紹介した岐阜県山県市では、地元の伝承として、大永《たいえい》六年(一五二六)八月十五日に生まれたとする説がある。しかし、この伝承を裏づける史料は何もなく、これも伝承とするしかない。

結局、光秀の生年ははっきりしないという線に落ち着くのではなかろうか。ただ、『明智軍記』の作者が、現在の私たちが知りえない何らかの情報を握っていた可能性は皆無とはいえず、本書では、「享禄元年（一五二八）？」としておきたい。

2　美濃源氏土岐氏の一族

土岐氏とその一族

明智光秀については、これまで、戦国史研究の権威といわれる二人の大先達がそれぞれ著書を著している。さきにも引用した高柳光寿氏の『明智光秀』（吉川弘文館、人物叢書）と、桑田忠親氏の『明智光秀』（新人物往来社、のち講談社文庫）である。

戦国史研究の泰斗《たいと》とも、大御所ともいうべきお二人によって論じつくされた感のある明智光秀に私があえて挑戦したのは、歴史というものは、常に、新しい史料、新しい視点によって書き直されるべきだと考えているからである。そして、その際の新しい視点の一つが、光秀を美濃源氏土岐氏の一族としてどうみるかである。

まず、高柳光寿氏はその著『明智光秀』の中で、その出自にふれ、つぎのように述べている。

……光秀の家は土岐の庶流《しょりゅう》ではあったろうが、光秀が生れた当時は文献に出て来るほどの家ではなく、光秀が立身したことによって明智氏の名が広く世に知られるに至ったのであり（明智荘のことは知られていたが）、そのことは同時に光秀は秀吉ほどの微賤ではなかったとしても、とにかく低い身分から身を起したということでもあったのである。

高柳氏は、「土岐の庶流ではあったろうが……」と、一応、土岐氏庶流であることを前提としているが、桑田忠親氏の場合は、やや懐疑的というか、否定的である。桑田氏の『明智光秀』では、

……「時はいま」の「時」を、明智氏の本姓「土岐」を暗示させたと解釈するのも、後世の何びとかのこじつけではなかろうかと、推測する。しかし、このこじつけのために、じつは光秀が土岐家の支族明智氏の子孫だということが、評判になったのである（中略）。光国、光隆、あるいは光綱にしても、このような名前をもつ人物の実在性が、確実な文献史料である古文書によって立証されるわけでもない。つまり、そういう姓名を明記した書状類は、いまのところ一通も発見されていない。したがって、光秀の父親は、明智氏の一族であるに

しても、その名前さえ明らかでない、という結論に達せざるをえないのである（傍点原文ママ）。

と結論づけられている。

確かに、光秀の父親とされる明智光綱、あるいは光隆、光国名の古文書は一通も現存しないし、本書の冒頭で述べたように、光秀自身の確実な文書も永禄十二年（一五六九）四月十四日付の秀吉との連署状が初見である。

しかし、光秀は、自分が美濃源氏土岐氏の一族であることを相当強く意識していたのではなかろうか。極論すれば、それが光秀のアイデンティティだったといってもよい。私は、本能寺の変は、光秀が土岐明智氏の出であることと無関係ではないと考えている。そこで、まず、光秀が土岐氏一族の中で、どのような位置づけにあったのかをみることにしたい。

土岐氏は清和源氏の頼光《よりみつ》流で、美濃の守護・守護大名として成長するとともに、美濃国内に一族を多数輩出したことから、美濃源氏といういい方もある。戦国期、頼純《よりずみ》・頼芸《よりなり》兄弟のとき、斎藤道三の下剋上によって美濃を逐《お》われたが、頼芸の子頼《より》次《つぐ》が徳川家康に仕えたので、江戸時代、大名として家名は存続させている。

そのルーツをたどると、源頼光、その子頼国《よりくに》がともに美濃守となり、頼国の曾孫光信《みつのぶ》のとき、美濃国土岐郡土岐郷（現在、土岐市）に居住し、郷名をとって苗字にしたという。

そのあたりのことは『江濃記《こうのうき》』（『群書類従』第二十一輯）にくわしく、

土岐殿と申すは、頼光の後胤也。清和天皇の御末、保元の比、伊賀守光基と申す人大功有り、美濃国の守護を給はり、其の子伯耆《ほうき》守光長、法住寺合戦に打死し、其の弟光衡、又美濃に居住し、是を神戸判官と云ふ。其の子光行は信濃守に任じ、関東へ下向して将軍に奉仕。其の後、土岐美濃守光貞、北条家の聟《むこ》と成りて、子孫繁昌也。

と記されている。

南北朝内乱のはじめ、そのころの当主土岐頼貞《よりさだ》が足利尊氏方として各地で戦功をあげ、その功によって美濃守護となり、そのあと、代々、美濃守護職を世襲して戦国期に至った美濃の名門である。

さきの『江濃記』に「子孫繁昌也」と書かれているように、土岐氏は一族庶子家を多数輩出している。土岐氏の各種系図から拾ってみても、石谷《いしがい》氏・揖斐《いび》氏・多治見《たじみ》氏・肥田瀬《ひだせ》氏などが分かれており、明智氏もその一つであった。

では、明智氏は、土岐氏の誰の代に分かれて派生していったのだろうか。この点については、系図に依拠するしかない。前述したように、系図を鵜呑みにするのは歴史研究になじまないが、系図を材料に検討することは必要な作業である。

系図の中でも、史料としての信憑性の高いことで定評があるのは『尊卑分脈《そんぴぶんみゃく》』（『新訂増補国史大系』第六十巻）である。その土岐氏の部分をみると、

頼光―頼国―国房―光国―光信┬光基＝光衡―光行―光定―頼貞
　　　　　　　　　　　　　└光長―光衡→

という流れとなり、この頼貞が、前述したように、ちょうど南北朝内乱の初期にあたっていたのである。

そして、『尊卑分脈』によると、明智氏はこの頼貞の孫の代に派生したことになっている。その部分を略系図にして表すと、

頼貞┬頼遠
　　├頼基―頼重（明地）
　　└頼兼

のごとくなり、頼基《よりもと》の子頼重《よりしげ》がはじめて明地氏を称し、明智氏の祖になったとしている。明地の字は、このあと明知と書かれ、やがて明智に定着していく。

頼重にはじまる明地氏が明智光秀につながるという系譜は『尊卑分脈』にはみえない。頼重を祖とする明地氏、すなわち明智氏が光秀につながるという解釈をしているのが「明智系図」（『続群書類従』所収）である。それを略系図にすると四五ページのようになる。

これに対し、頼兼《よりかね》を明智氏の祖とする系図もある。たとえば『系図纂要』本「明智系図」は、頼兼から明智氏がはじまるという書き方をしている。

明智氏の祖が頼重なのか頼兼なのかは、どちらの系図を信用するかでちがってくるわけであるが、このあたり、系図だけの詮索《せんさく》では限界があり、どちらとも判断はつきかねる。

なお、四五ページに掲げる「明智系図」（『続群書類従』所収）について一つ付言しておきたい。この系図にみえる頼尚および頼典《よりのり》・頼明については、すでに谷口研語氏の指摘にあるように、江戸時代、上野沼田《こうずけぬまた》藩主となった土岐氏に伝わる「土岐文書」にみえ、実在の人物だったことは確実である（「光秀の出自と明智一族」『別冊歴史読本』一九八九年十一月号）。

谷口氏は、「頼典のあとに明智光秀をつなぎ合わせたのかもしれない」と述べられているが、確かに、頼典まで通字が「頼」だった家系が、急に光秀の父の代から「光」になっていくのは不自然で、別な系統を強引につないだという印象はぬぐいがたい。

結局、こうしたこともあって、先学は、明智光秀が名族土岐氏の一族である明智氏には直結しないという解釈をとってきたものと思われる。しかし、果たしてそうなのだろうか。私には、系譜関係ははっきりしないが、光秀は土岐氏一族明智氏の人間だったのではないかと思えてならないのである。

光秀は土岐明智氏の出

私がそのように考えた理由はいくつかあるが、一つは、同時代の人が、光秀を「土岐の随分の衆だ」と表現している史料があるからである。

信長・光秀が京都を中心に活躍していた時代、京都で禁裏《きんり》御倉《おくら》職をつとめていた立入《たてり》宗継《そうけい》という人物が、「立入左京亮入道隆佐記」（『続群書類従』第二十輯上）という史料を残している。別名を「立入宗継記」ともいうが、その中で、光秀が丹波《たんば》攻めに軍功をあげ、信長から丹波一国を宛行《あてが》われたときの様子をつぎのように記している。

丹波国惟任日向守、以御朱印一国被下行。時に理運被申付候。前代未聞大将也。坂本城主志賀郡主也。多喜郡高城波田（多）野兄弟、扱にて被送刻、於路次からめとり、安土へ馬上にからみつけつゝをさしほだしをうち、はたのおと、い、はたのものに被上候。前代未聞也。天正七年六月十日京都を通也。
美濃国住人ときの随分衆也。
明智十兵衛尉。
其後従上様被仰出、
惟《これ》任《とう》日向《ひゆうがの》守《かみ》になる。
名誉之大将也。弓取はせんじてのむへき事候。

ここで注目されるのが、光秀のことを「美濃国住人ときの随分衆也」と表現していることである。「土岐氏の随分の衆」とは、土岐一族の中でも相当な地位の者といった意味であろう。

さて、私が、光秀は土岐氏の一族明智氏につながる者であると考えたもう一つの理由は、江戸時代に書かれた地誌「美濃国諸旧記」（『国史叢書』所収）に、「光」の字を通字とする明智氏の存在が指摘されている点である。「美濃国諸旧記」は編者は不明ながら、寛永末ないし正保のはじめに編纂されたと思われる地誌で、その「明智城の事并地の戦記」に、「明智城といふは、土岐美濃守光衡より五代の嫡流、土岐民部大輔頼清の二男、土岐明智次郎長山下野守頼兼、康永元壬午年三月、始めて是を開築し、居城として在住し、子孫代々、光秀迄是に住せり」と記されている。

『続群書類従』所収「明智系図」

- 土岐光定
  - 頼貞
    - 頼基
      - 頼重（明智ヲ号ス）
        - 頼篤
          - 国篤
            - 頼秋
              - 頼秀
                - 頼弘
                  - 頼定
                    - 頼尚
                      - 頼典
                        - 光隆
                          - 光秀
                          - 信教
                          - 康秀
                      - 頼明
                        - 定明
      - 頼高
      - 頼助
    - 光賢
    - 頼忠
  - 頼重

『系図纂要』所収「明智系図」

- 頼兼六世光継
  - 光綱
    - 光秀
    - 女
  - 光安
    - 光春
  - 光久
    - 光忠
      - 光近

ここにいう明智城は、恵那市明智町の明知城ではなく、さきに私が光秀の出生地と推定した現在の可児市広見・瀬田の方の明智城である。「美濃国諸旧記」はさらに続けて、頼兼の子が明智小太郎を称し、のち、長山遠江守光明と号したという。そして、光明の六代の孫が光継で、光継の子が光綱、光綱の子が光秀だとしている。このあたり、『系図纂要』本の「明智系図」と重なり、明智氏の嫡流家ではないかもしれないが、「光」を通字とする系統があり、光秀はその末流だったということになる。

なお、前にふれた『尊卑分脈』にも、明地光高、明知光重、明地光兼など、「光」を諱《いみな》の一字にもつ明智一族の人名がみえるので、明智一族の中で、「光」の字をもつ光秀はそれ相当の位置にあったと考えてよいのではなかろうか。先学が指摘するごとき、光秀を低い身分の者とみる必要はないのではないかと思われる。やはり、「美濃国住人ときの随分衆也」というのがあたっていよう。

明智城の落城と光秀

では、「土岐の随分の衆」だった明智光秀が、そのまま、美濃にまで版図《はんと》を広げてきた織田信長には仕えず、一時期、美濃を離れ、越前《えちぜん》の朝倉義景《よしかげ》に仕えたのはどうしてなのだろうか。

このあたり、光秀の「歴史以前」なので確かなことは不明である。ただ、『明智軍記』および「美濃国諸旧記」が伝える弘治《こうじ》二年（一五五六）の明智城の戦いは、光秀の没落を考えていく上で、一つのヒントになるのではないかと考えている。

確かに、『明智軍記』は、高柳光寿氏がその著『明智光秀』の中で事実から遠く離れた「誤謬《ごびゅう》充満の悪書」と指摘されているように、史料としての信憑性は極端に低い軍記物である。したがって、そこに書かれている明智城の攻防戦の叙述にしても、年月日や軍勢の数、戦いに参陣した将兵の名前などは、そのままには信用できないことはいうまでもない。

しかし、そのころ、斎藤義龍《よしたつ》の軍勢が、弘治二年四月二十日の長良川《ながらがわ》の戦いで、父道三の軍勢を打ち破った勢いで、道三与党の諸城に攻撃を仕掛けたことは十分考えられるところである。細部は軍記物作者の創作だったとしても、光秀の拠《よ》る明智城が斎藤義龍の軍勢に攻められたことは事実だったのではなかろうか。

というのは、斎藤道三とその子義龍が戦った長良川の戦いのとき、義龍の一万七〇〇〇に対し、道三側に二七〇〇の兵が集まっていたことが明らかだからである。道三側についた部将たちのそれぞれの居城が、そのあと義龍の軍勢によって攻められたものと推測され、その中に可児市広見・瀬田の明智城が含まれていた可能性はある。

明智城主の明智光秀が義龍の側ではなく、道三与党となったのは、もしかしたら、明智氏・斎藤氏の姻戚関係が背景としてあったのかもしれない。

「明智氏一族宮城家相伝系図書」によって関係する部分を摘記するとつぎのようになる。

頼弘―光継―光綱―光秀
　　　　└女子（斎藤道三室）

つまり、光秀にとって叔母にあたる女性が斎藤道三に嫁《とつ》いでいたというのである。この記載がどこまで事実を伝えているものかはわからないが、後述するように、のち、光秀が足利義昭を織田信長のところに連れてくるいわば橋渡しの役をつとめているところからすれば、あながち否定するわけにもいかないのではないかと私は考えている。

ちなみに、「明智氏一族宮城家相伝系図書」には記載がないが、この光秀の叔母と道三との間に生まれたのが濃姫で、濃姫が織田信長に嫁いでいたことが、橋渡し役をつとめる直接のきっかけとなったことは考えられる。

3　朝倉義景への仕官

諸国武者修行の話は創作

美濃を逐《お》われた明智光秀は、このあと越前の朝倉義景に仕えるわけであるが、弘治二年（一五五六）の明智城の落城のあと、すぐ仕えたわけではなく、若干の時間があった。

『明智軍記』では、翌弘治三年から永禄五年（一五六二）まで、足かけ六年間、諸国を遍歴《へんれき》したことになっている。つまり、兵法・軍法などの武者修行というわけである。

しかし、この諸国武者修行ということは、そのままに信用するわけにはいかない。この点はすでに二木謙一氏の校注・監修になる『明智軍記』に詳細にふれられているので、ここではくりかえさないが、たとえば、伊達《だて》氏が大崎《おおさき》に移ったのは天正十八年（一五九〇）なのに、もう本拠が大崎にあったような書き方をしているし、宇喜多《うきた》氏の居城地、毛利《もうり》氏の居城地も同じような誤りをおかしており、このあたりの記述は嘘である。そのようなことから「誤謬充満の悪書」などといわれるようになったものであろう。話に尾鰭《おひれ》がつけられた部分は軍記物特有の創作とみてよい。

では、弘治二年の明智城落城後、越前朝倉氏に仕えるまでの間、光秀はどこで何をしていたのだろうか。

足利義輝に仕えたか

私は、このあと、光秀は京に上り、十三代将軍足利義輝《よしてる》に仕えたのではないかと考えている。私がそのように考えたのは、「永禄六年諸役人附」(『群書類従』第二十九輯)をみていて、そこに「明智」という二文字をみつけたからである。

この「永禄六年諸役人附」という史料は、書き出しが「光源院《こうげんいん》殿御代当参衆并足軽以下衆覚、永禄六年五月日」とあり、御供《おとも》衆とか申次《もうしつぎ》、御小袖御番《おんこそでごばん》衆など、光源院すなわち足利義輝に仕えていた人名を列記したものである。「明智」の名はその「足軽衆」のところにみえる。

もっとも、「明智」とあるだけなので、それが明智光秀であるという確証はない。現在までのところ、この「永禄六年諸役人附」にみえる「明智」を明智光秀と結びつけているのは、私の知るかぎりでは、谷口克広氏のみである。谷口氏は『織田信長家臣人名辞典』の明智光秀の項で、「『足軽衆』の中に『明智』の名が見出せる。

これはおそらく光秀であろう。『足軽』といってもただの歩卒というわけではなく、将軍の旗本というべき役と思われるが、この記事によって、光秀が義輝将軍の代からの幕臣だったことが知られる」と述べている。

ここで思いおこされるのは、土岐氏一族の武将で、幕府の奉公衆となっている者がかなりいるという点である。光秀、すなわち、土岐一族明智氏の流れを引く光秀にとって、京に上り、将軍の近侍となることは、そう違和感のない選択だったと思われるのである。

ところが、周知のごとく、仕えていた足利義輝は、永禄八年（一五六五）五月十九日、松永《まつなが》久秀《ひさひで》や三好《みよし》義継《よしつぐ》らに二条御所を急襲され、自らも抜刀して奮戦したが、結局は自刃している。そのとき、その場に光秀が居合わせていたかどうかわからないが、主君義輝の死によって、光秀は浪人するのである。

おそらく、光秀が越前に赴いて朝倉義景に仕えたのはそのあとであろう。ただ、京都からその足ですぐ越前に向かったのかどうかについては、はっきりしたことがわからない。もしかしたら、就職口を求めて諸国を回ったのかもしれない。それが、『明智軍記』に諸国武者修行のような形に描かれた可能性はある。

事実、『武功雑記《ぶこうざつき》』（『大日本史料』第十一編之二）には、光秀が三河《みかわ》牛久保《うしくぼ》城主牧野右近大夫に仕えていたときのエピソードが載っており、最初から越前朝倉氏に仕えようとしていたわけではなかったことがうかがわれる。

では、光秀は、最終的になぜ越前に腰を落ちつける気になったのだろうか。このあたりの光秀の気持ちも推しはかることはむずかしい。ただ、美濃生まれの光秀にとって、越前は〝遠い他国〟ではなかったことだけはまちがいない。

現在の交通ルートを考えると、岐阜から福井へは、鉄道にしても道路にしても相当迂回する形になり、何となく遠いという感覚をもってしまう。しかし、美濃と越前は国境を接する隣国であった。岐阜県側から、たとえば、油坂峠《あぶらさか》とか温見峠《ぬくみ》を越えれば、そこはもう福井県なのである。美濃はそのころまだ斎藤義龍の子龍興《たつおき》の時代なので、光秀の立場としてはもどることができない。そこで、生国にできるだけ近いところということで越前に向かったことは考えられる。

朝倉家臣としての光秀

『明智軍記』は、光秀が諸国遍歴の果て、「其後越前ニ留リ、大守朝倉左衛門督義景ニ属シテ、五百貫ノ地ヲゾ受納シケル」と記し、すぐ朝倉義景から五〇〇貫文の知行を与えられたとする。

また、『明智軍記』は、義景の所望《しょもう》によって鉄砲の演習を行い、みごとな腕さばきをみせ、その功によって鉄砲寄子《よりこ》一〇〇人を預けられたとしている。

伝　明智光秀屋敷址（福井市明智神社）

五〇〇貫の知行のことはともかく、鉄砲寄子一〇〇人を預けられたということは『明智軍記』にしかみえないことがらなので、それをそのまま信用することはできない。

まだ光秀の「歴史以前」のことなので、確かなことはいえないが、光秀が朝倉義景に仕えていたことは事実だったと思われる。一つは、すでに高柳光寿氏も『明智光秀』の中でふれられているが、天正元年（一五七三）八月二十二日付で服部七兵衛尉に宛てた光秀書状（『武家事紀』所収文書）に、光秀が越前に残してきた近親者の処置について書かれた部分があり、一時期、越前で生活していたことがうかがわれる点である。

そしてもう一つは、細川《ほそかわ》氏の家譜である『細川家記』（東京大学史料編纂所所蔵）の記載である。同書はその名の通り、細川氏のことがらを中心に記されたものであるが、細川藤孝《ふじたか》（幽斎《ゆうさい》）・忠興《ただおき》父子は光秀と関係が深く、そこには光秀についての情報も散見する。

『細川家記』に記されている光秀情報をまとめると、光秀を、清和源氏土岐下野守頼兼の後裔とし、父が明智城で戦死したときにそこを逃れ、朝倉義景に仕えて五〇〇貫の地を与えられたとする。

「歴史以前」の光秀については、ここらあたりまでしかわからない。なお、以前、私は、地元の郷土史家の御案内で、朝倉義景に仕えていたころの光秀の屋敷があったという場所を訪ねたことがあった。そこは、福井市東大味《ひがしおおみ》というところで、光秀を祭神とする小さな祠《ほこら》があった。地元では明智神社という。

朝倉氏の家臣屋敷があった一乗谷とは小さな峠一つへだてた場所であるが、何らかの伝承があったものであろう。いまでも、毎年六月十三日、村人たちによって光秀は祀《まつ》られているのである。

第二章

信長に仕える光秀

1 足利義昭を美濃へ

足利義昭の越前入り

永禄八年（一五六五）五月十九日、第十三代将軍足利義輝が、松永久秀・三好義継らによって襲われて自刃したとき、義輝の弟で、当時、奈良の一乗院門跡《もんぜき》となっていた覚慶《かくけい》も幽閉された。

このとき、松永久秀らが、後顧の憂いを絶つということで、覚慶も一緒に殺していれば、その後の戦国史の流れは大きく変わっていたはずである。光秀が信長に仕えることもなかったろうし、そうなれば、当然、本能寺の変もおこらなかったはずである。

しかし、覚慶は、「自分こそが次期将軍だ」という思いをもち、逃れて近江《おうみ》の甲《こう》賀《か》郡に走り、そこの豪族和田惟政《わだこれまさ》を頼って還俗《げんぞく》し、足利義秋《よしあき》と名乗った。のち、永禄十一年（一五六八）四月、越前朝倉氏のところで正式に元服し、名を義昭と改めるが、ここでは煩雑となるので、以下、義昭と記しておく。

義昭が近江に走ったのは、奈良から、松永久秀らの探索網に引っかからないよう、山の中の道をとったことも理由であるが、近江の有力武将六角承禎《ろっかくじょうてい》を頼って上洛し、将軍になろうとしたものと思われる。

しかし、六角承禎は動こうとしなかった。焦る義昭は、越後《えちご》の上杉謙信や尾張《おわり》の織田信長にも働きかけたが、いい返事はもどってこなかった。この時期、謙信はまだ武田信玄とにらみあっていたし、信長も美濃の斎藤龍興を攻めあぐねていたのである。

永禄九年（一五六六）八月、義昭は、手紙戦術では埒《らち》が明かないとみて、直接、若狭に赴き、若狭の戦国大名武田義統《よしむね》を頼った。そのころの武田氏は、〝若狭屋形〟とよばれ、甲斐《かい》源氏武田氏の支流として名門ではあったが、あまり力はなく、義昭がこのような弱小大名を頼りにせざるをえなかったあたりに、義昭の置かれていた状況というものをある程度読みとることができる。

義昭にしてみれば、姉婿にあたる武田義統を頼りにしたということであるが、ちょうどそのころ、義統は子の元次《もとつぐ》（のちの元明《もとあき》）と不和で、義昭を擁して上洛することなど考えられない時期であった。

そこで義昭は、さらに足をのばし、越前一乗谷《いちじょうだに》に至り、朝倉義景を頼ることにしたのである。このとき、細川藤孝も近侍していた。光秀が細川藤孝と出会うのはこのときである。

ただ、これを、初対面ととるか、再会とみるかは意見の分かれるところであろう。私は再会とみている。というのは、前章でみたように、「永禄六年諸役人附」によって、永禄六年(一五六三)の時点で、光秀が十三代将軍義輝の「足軽衆」の一人として義輝に仕えていたことがあったからである。

実は、その「永禄六年諸役人附」には、「御供衆」の中に細川藤孝の名がみえるのである。つまり、細川藤孝は、足利義輝に仕えており、そのあと、義輝の弟覚慶を還俗させ、義昭として次期将軍にすべく奔走していたことになる。

義輝のもとで、片や「御供衆」、片や「足軽衆」と、ランクはかなり開きがあるが、同じく近臣として、光秀と藤孝は旧知の間がらだったのではないかと私は考えている。

橋渡し役を買って出る光秀

もっとも、旧知の間がらといっても、細川藤孝の方は、身分の低かった光秀のことは覚えてはいなかったらしい。「足軽衆」は「永禄六年諸役人附」によると四一人もいたので、身分的に上位の藤孝には光秀の印象はなかったようである。

『細川家記』では、朝倉義景のところに滞在中の義昭・藤孝主従に接近していったのは光秀の方だったとしているので、光秀が、旧知の間がらである藤孝に声をかけたことがわかる。

そして、『細川家記』にはもう一つ注目されることがらが書かれている。光秀が藤孝に、「朝倉義景は頼りにならない」と忠告しているのである。その時点では光秀はまだ朝倉義景の家臣であり、もしこの言葉が主君義景の耳に入れば、へたをすれば切腹ものである。しかし、光秀としては、足利家再興のためには、主君朝倉義景が頼りにならない男であることを見抜いていたのであろう。

事実、そのころの義景は、小宰相《こざいしょう》という女性に心をうばわれ、政治・軍事から遠ざかっており、義昭・藤孝が「早く上洛を」とせっついても、「そのうちに」というだけで、なかなか腰をあげようとはしなかった。

『細川家記』によると、このとき光秀は、「朝倉義景は頼りにならない」といったのに続けて、もう一つ重大発言をしたと記している。「織田信長は頼りがいのある男だ」というのである。

もし、この『細川家記』の記述が事実ならば、光秀は何らかの形で信長情報を得ていたということになる。信長は、永禄十年（一五六七）八月十五日、美濃稲葉山《いなばやま》城を攻め、斎藤龍興を逐《お》って、美濃の併合に成功しているので、斎藤氏旧臣で信長麾下《きか》に入った部将もかなりいたはずで、それらの中には光秀ゆかりの者もいたものと思われる。彼らから光秀のもとに信長情報が届けられていた可能性はある。

さらに、さきに少し記したように、信長の正室濃姫《のうひめ》が、光秀と姻戚関係にあったと考えられる。この点に関して、桑田忠親氏は『明智光秀』の中で、「明智氏一族宮城家相伝系図書」の記述を、「後世に手ぎわよく製作されたものにすぎず」「史実として、言明できない」と、否定的である。

しかし、光秀が、信長との橋渡し役を買って出るにあたって、何のつながりもなく動くと考える方が不自然ではなかろうか。私は、光秀と濃姫を従兄妹の関係だったとみている。略系図にするとつぎのようになる。

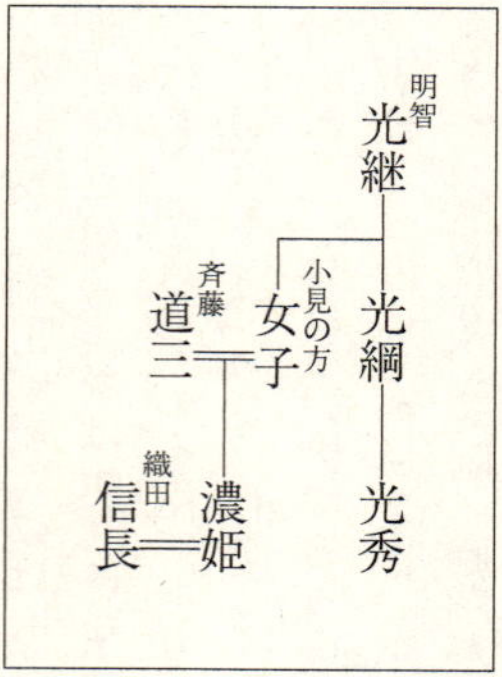

これはもちろん仮定であるが、このようにみると、いろいろと辻褄はあってくる。

信長との接触

「朝倉義景は頼りにならない。頼るなら織田信長である」という朝倉義景の臣明智光秀の進言を受けて、足利義昭・細川藤孝主従の心は次第にその方向に傾いていったものと思われる。

以前、信長にバック・アップを頼んだときは、信長が美濃の斎藤龍興と交戦中で、義昭を擁して上洛するなどという余裕はなかったが、美濃を併呑《へいどん》したことで情況は大きく変わった。義昭・藤孝主従は、「もう一度信長に頼んでみよう」という気になった。

いつの時点かはわからないが、すでにそのころには、光秀は足利義昭に臣事する形になっていたものと思われる。あるいは、朝倉義景からも禄をもらいながら、義昭の近習《きんじゅう》にもなっているという形だったのかもしれない。

義昭の指示で、光秀が信長のところに打診に赴くことになったものと思われる。それがいつのことであるかはわからないが、永禄十年の末か、翌十一年早々のことではないかと思われる。そして、そのあとの経過からみると、そのことは朝倉義景も了解していたように受け取れる。

なぜならば、もし光秀が朝倉義景に内緒で、隠密裡《おんみつり》に信長との交渉に入ったのであれば、そのあと、正式に義昭が信長に迎えられるとき、抵抗なり邪魔をしたと考えられるからである。それがないということは、義景も、光秀の動きを認めていたことになる。

ただ、光秀が美濃の信長のもとに赴いたいきさつについての『明智軍記』と『細川家記』の記述に関しては疑問がないではない。両書とも、光秀が朝倉義景のもとを去って、美濃の信長に仕え、橋渡し役をしたとしているからである。

光秀が義景のもとを去った理由について、『明智軍記』は、信長に美濃を逐われた斎藤龍興が義景を頼ってきたので、居づらくなって去ったとし、『細川家記』では、義景の家臣鞍谷《くらたに》氏が光秀のことを義景に讒言《ざんげん》し、その讒言を信用した義景が光秀に暇を与えたとしている。

『細川家記』に書かれている内容の是非についてはそれを論証する史料はなく不明というしかないが、『明智軍記』は明らかに誤っている。同書によると、光秀の出《しゅっ》奔《ぽん》を永禄九年十月九日としているが、斎藤龍興が義景を頼って越前に赴いたのははるかのちであることが確実だからである。光秀は、『明智軍記』『細川家記』がいうように、朝倉義景のもとを致仕《ちし》して、美濃に行ってあらたに信長に仕え、頃あいをみて義昭のことを切り出したというのではなく、朝倉家臣・義昭近習という身分のまま、使者として美濃稲葉山城、すなわち岐阜城に赴いて、義昭を擁して上洛することを依頼したのではないだろうか。

この時期、光秀の動きははっきりしないが、義昭の動向はかなりなまで追うことができる。具体的にみると、永禄十一年（一五六八）七月十三日、義昭が越前一乗谷を出発して美濃に向かっている。義昭一行には光秀は供奉《ぐぶ》していない。

七月十六日、義昭一行は近江の小谷《おだに》城に入り、そこで浅井長政の饗応《きようおう》をうけている。信長はその少し前、妹のお市《いち》の方を浅井長政に嫁がせ、同盟関係を結んでいたので、長政としても精一杯の饗応をしたものと思われる。

義昭が岐阜城下の立政寺《りゆうしようじ》に入ったのは二十二日のことである。信長としても上洛のための名分がほしかったところであり、義昭と信長の思惑は一致し、いよいよ上洛ということになる。この時点では光秀の立場は、義昭の近臣であり、同時に信長の家臣であった。

さきにみたように、信長は北近江の浅井長政とは同盟関係にあったので、上洛途上、障碍《しようがい》になるのは南近江の戦国大名観音寺《かんのんじ》城主の六角承禎だけであった。

信長としても、できれば戦わずに平和裡に上洛したいと考えていたので、八月七日、自ら近江佐和山まで行って、六角承禎の意向を打診している。しかし、承禎はよい返事をしなかった。以前、義昭に頼られ、それを拒絶したことがあったからであろう。

一旦岐阜にもどった信長は上洛のための軍事行動の準備にかかり、いよいよ九月七日、尾張・美濃の軍勢を率いて岐阜を発し、十二日、観音寺城の支城箕作《みつくり》城を落とし、翌日、本城の観音寺城を攻めようとしたところ、六角承禎・義治《よしはる》父子は城を捨てて甲賀《こうか》へ敗走している。

この一連の戦いに明智光秀が参陣していた徴証はない。おそらく、義昭のもとで信長からの戦勝報告を待っていたのであろう。信長もまだ光秀の軍事的力量については知らなかったのである。

信長は、観音寺城を奪取したところでころあいよしとみて、立政寺で待機している義昭に迎えを出している。その義昭が観音寺城の中腹にある桑実寺《くわのみでら》に到着したのが二十二日のことで、それから義昭は信長に擁立されて二十六日に入洛しているのである。

2 京都奉行就任

本圀寺の戦いと光秀

上洛したとき、足利義昭は清水寺に入っているので、明智光秀もそれに従ったものと思われる。やがて、六条本圀寺《ほんこくじ》に移っている。

十月十八日、義昭は念願の征夷大将軍に補任《ぶにん》された。兄義輝が松永久秀らに殺されてから三年の歳月がたっていたが、その間、松永久秀らに擁立された義栄《よしひで》が第十四代の将軍となっていたので、義昭は第十五代というわけである。

「とりあえず一段落ついた」と思ったのか、信長はわずか五〇〇〇ほどの兵を京都に残しただけで、十月二十六日、京都を出発し、岐阜にもどってしまった。

異変がおこったのは、年が明けた永禄十二年（一五六九）正月五日のことである。信長軍に京を逐われた三好三人衆、すなわち、三好長逸《ながゆき》・三好政康《まさやす》・岩成《いわなり》友通《ともみち》の三人が逆襲に転じ、京都に入り、足利義昭のいる本圀寺を囲んだ。

そして、義昭を警固する兵との間に戦いとなったわけであるが、そこに明智光秀の名前がみえるのである。『明智軍記』といった史料としての信憑性が低い軍記物ではなく、織田信長に仕えていた太田《おおた》牛一《ぎゅういち》が著した『信長公記』にはじめて光秀の名が登場する。

本圀寺で義昭の警固をしていた光秀らが三好三人衆の攻撃を防いでいる間に、

「後巻《うしろまき》」、すなわち後詰《ごづめ》として、京都に残っていた織田軍がかけつけ、桂川表で三好三人衆を撃退しているのである。

いわば、この本圀寺の戦いの武功が、光秀の良質な史料に現れたはじめての武功ということになるわけであるが、このときはまだ、その他大勢の中の一人でしかない。

信長は、三好三人衆の来襲を知って、すぐ岐阜から京都にもどってきた。そして、再び敵に襲撃されても大丈夫な将軍義昭のための城を築くことになった。それが二条城である。

二条城というと、のちに徳川家康によって築かれ、いまなお遺構が現存する二条城のことを連想しがちであるが、場所も規模も全くちがう二条城である。

この信長が将軍義昭のために築いた二条城は、現在の京都市上京区《かみぎようく》烏丸《からすま》出水《でみず》から新町丸太町にかけてのあたりに築かれていた。

だいぶ前になるが、一九七四年六月からはじまった地下鉄烏丸線建設にともなう遺跡調査のとき、出水—丸太町間の地下から、二条城の石垣が姿を現し、ふつうの石にまじって、石仏など石塔類が多量にみつかっている。

二条城の築城工事は『言継卿記《ときつぐきようき》』によれば二月二日にはじまり、『信長公記』に、二月二十七日に御鍬初《おくわはじめ》があったという。信長自らが普請総奉行をつとめ、村井貞《さだ》勝《かつ》と島田所之助が大工奉行をつとめたことがわかる。『明智軍記』によると、このとき、縄張をしたのが光秀だったと記しているが、それはどうであろうか。

ただ、『信長公記』にも、「洛中・洛外の鍛冶・番匠・杣《そま》を召寄せ、隣国・隣郷より材木をよせ、夫々《それぞれ》に奉行を付置き、由（油）断なく候の間、程なく出来訖《おわんぬ》」とあるので、光秀も奉行の一人として二条城築城にかかわったことは考えられる。

有能な京都奉行

四月に入って、作事がほとんど終了したところで、義昭は六条本圀寺から新築成った二条城に移っているが、ちょうどそのとき、それまで、義昭・信長上洛後、京都とその周辺の政務にあたっていた部将たちの交代がみられるのである。

この時期の信長家臣たちによる文書発給を分析した谷口克広氏によると、

Aチーム　柴田勝家・佐久間信盛《のぶもり》・蜂屋頼隆《はちやよりたか》・森可成《よしなり》・坂井政尚《さかいまさひさ》

Bチーム　丹羽長秀・明智光秀・中川重政《しげまさ》・木下秀吉

の二チームに分かれるという（『秀吉戦記』）。Aチームが先で、永禄十一年十月一日から翌十二年四月一日まで。Bチームは、そのあと四月十二日から翌十三年四月十六日までで、谷口氏は、「まず、Aチームの五人が京畿の政務担当とされ、永禄十二年の四月中にBチームの四人にバトンタッチしたようである」と述べるが、まさに卓見である。この時期、信長から「京都奉行に任ずる」といった辞令のようなものは出されていないが、京畿の政務担当は京都奉行にほかならない。光秀は、義昭が二条城に移った段階から京都奉行として活躍しはじめるのである。

そして、この段階から、光秀も、「歴史以前」から「歴史」へと進んでいく。では、光秀の「歴史以前」から「歴史」へのターニング・ポイントになる確かな史料とはどのようなものだったのだろうか。光秀の生涯をみていく上で画期となる文書なので、読み下しにして全文を引用しておきたい（「沢房次氏所蔵文書」、奥野高広『織田信長文書の研究』上巻）。

猶《なお》もって、定納四百石宛に相定め候。以上。

城州賀茂庄の内、先々より落来り候田畠、少分たりと雖《いえど》も、御下知の旨にまかせ、賀茂売買の升にて、毎年四百石宛運上すべし。ならびに、軍役百人宛陣詰有るべきの由、その意を得候。いささかも如在有るべからざる事肝要に候。恐々謹言。

（永禄十二年）四月十四日　木下藤吉郎
　　　　　　　　　　　　秀吉（花押）
　　　　　　　　　明智十兵衛尉
　　　　　　　　　　光秀（花押）

　　　賀茂庄中

光秀初見の文書が、のち、ライバルとして功を競うことになり、また、最終的には敵味方に分かれ戦うことになる秀吉との連署であるということは、何となく運命的なものを思わせるが、この時期、京都奉行として、対等な立場でことにあたっていた様子がうかがわれて興味深い。

なお、この光秀初見文書は秀吉と二人だけの連署であるが、その二日後、四月十六日には、光秀・秀吉・丹羽長秀・中川重政の四人連署で、立入左京亮宛、梶又左衛門宛、広野孫三郎宛の三通が同日付で出されている。京都奉行としてのこの四人が京畿周辺の政務にかかわりはじめたことを示している。

将軍義昭の近臣として

この時期、谷口克広氏がいうAチームからBチームへのバトン・タッチがなぜ行われたかの理由については明らかではない。しかし、Aチーム五人の顔ぶれと、Bチーム四人の顔ぶれをみると、何となくわかるような気がしてくる。

Aチームの五人、すなわち、柴田勝家・佐久間信盛・蜂屋頼隆・森可成・坂井政尚の五人をみると、蜂屋頼隆・坂井政尚の二人はよくわからないが、残り三人はいずれも武骨者といってよい。当時、そのような表現でよばれていたわけではないにしても、「武断派」のメンバーである。

Aチーム五人のうち、佐久間信盛を除く四人は、信長が義昭を擁して上洛した直後の勝龍寺《しょうりゅうじ》城の戦いで戦功をあげている者たちである。つまり、信長は、上洛直後の軍事的緊張を重視し、「武断派」の五人を京畿周辺の政務担当者として置いたものと思われる。

ところが、二条城もできて、京畿周辺が軍事的には平穏になると、今度はむしろ、朝廷・公家との交渉、さらには、将軍義昭との関係など、細かいところに気を遣う用事がふえ、Aチーム五人の「武断派」では、それが遂行できなくなったのであろう。

それに対し、Bチームの四人は、軍事一点ばりというわけではなく、内政手腕にたけていた。これも、当時、そのような表現でよばれていたわけではないが、「奉行派」といってよい。

特に私は、前述したように、「永禄六年諸役人附」によって、光秀がかつて第十三代将軍義輝に仕え、短期間ではあるが京都にいたことがあるという前歴を信長に買われたのではないかとみている。

しかも、光秀は義昭の近臣でもある。京都の空気というか雰囲気も知っている光秀のような部将は信長家臣団の中にはおらず、このとき、Bチームの一人に加えられたのではないだろうか。

さて、いま私は、「光秀は義昭の近臣でもある」と無造作に書いてしまったが、このあたり、もう少し説明が必要かもしれない。「一人の人間が、同時に二人の主君に仕えるなどということがありうるのか」といった疑問が出されて当然だからである。

これまでの光秀の履歴を簡単に整理すると、弘治二年（一五五六）に美濃国可児郡の明智城を逐われた光秀は、しばらく行方がわからず、少なくとも、永禄六年の時点では、第十三代将軍義輝の「足軽衆」の一人となっていた。ところが、同八年（一五六五）、義輝が松永久秀らに襲われて自刃してしまったため、光秀は浪人し、やがて、越前の戦国大名朝倉義景に仕えた。

そして、義景を頼ってきた義輝の弟義昭と出会い、義昭にも仕えることになる。つまり、その段階で、光秀は、義景と義昭の二人の主君をもったというわけである。

永禄十一年（一五六八）、義昭を美濃の信長のもとに連れて行くにあたって、その橋渡し役となった光秀は、義景のもとを去って、新たに信長に仕えることになった。結局、このあとしばらく、光秀は信長の家臣でもあり、将軍義昭の近臣でもあるという両属の形を続ける。

「本当にそんなことが可能だったのか」と問われれば、「可能だった」と答えるしかない。それは、信長の家臣として、信長から知行を与えられていた光秀が、義昭からも山城国の下久世荘《しもくぜのしょう》を所領としてもらっていたことが「東寺百合文書《ひゃくごう》」という確かな史料からわかるからである。

元亀元年（一五七〇）の四月ごろ、東寺の僧禅識《ぜんしき》から、幕府の奉行人松田秀雄と飯尾昭連《いのおあきつら》に宛てて、「光秀が東寺八幡宮領の下久世荘を押領し、年貢や公事物《くじもつ》を寺納しない」と訴え出たことがあった。その訴状の中に、「下久世荘は、光秀が上意として仰せ付けられた」という旨が書かれているのである。

このころは、上意といえば、将軍義昭の意向である。つまり、光秀は、信長からも知行を与えられながら、同時に義昭からも扶持《ふち》をうけていたことが明らかである。

こうした光秀の両属的立場は、信長にしてもメリットのあるものだったのだろう。もし何もメリットがなければ、曖昧《あいまい》なことを嫌った信長のことであるので、光秀に迫り、どちらか一人だけに仕えるよう命じたであろう。

この時期の光秀が将軍義昭の近臣として位置づけられていたことをうかがわせる史料はいくつかある。

たとえば、『年代記抄節』の元亀三年（一五七二）四月の条によると、将軍側近の「公方衆《くぼう》」に、細川藤孝・三淵藤英・上野秀政とともに明智光秀の名をあげている。

そして、このことに関連して、実に興味深い文書がある。信長が、将軍側近の「公方衆」上野秀政と明智光秀の二人に宛てた書状（「曇華院《どんげいん》文書」、奥野高広『織田信長文書の研究』上巻）である。

これは、元亀二年（一五七一）と推定される七月五日付の文書で、曇華院の所領山城国大住荘《おおすみのしょう》の支配にかかわるものである。

将軍義昭が側近の一人一色藤長《いっしきふじなが》にこの大住荘を与えたことから問題がおこった。信長はこの義昭の処置に不承知で、いままで通りの曇華院の直務《じきむ》支配を支持していた。そこで、文中、「外聞も如何候間、被レ入二御耳一、毎時無二異儀一之様ニ馳走候者、可レ為二祝着一候」と上野秀政・明智光秀に命令しているのである。

要するに、「信長の評判にもかかわるので、このことを間違いなく義昭の耳に入れるように」というわけで、こうした文書を信長から与えられていたところをみると、このころ、光秀が、義昭の近習的立場にあったことがわかる。

3 義昭・信長の対立と光秀

義昭・信長の二重政権

足利義昭は、晴れて永禄十一年十月十八日、第十五代の将軍となったが、その後は、心の晴れない日々が続くことになる。

その原因は織田信長にあった。もちろんそれだけではなく、義昭の側にも情勢認識の上で甘さがあったことも否定できないわけであるが、将軍になって少して、「思っていたこととはちがう」と考えるようになった。

つまり、義昭は、「自分が将軍になれば、全国の武将が将軍の威令に従う」と考えていた。恩人である信長についても例外ではないと位置づけていた。それほどまでに将軍の権威というものを高くみていたことになる。

ところが、信長はちがっていた。足利義昭を頭に戴《いただ》いて上洛したのは、その方が上洛しやすかったからである。義昭は上洛のための名分《めいぶん》であり、将軍にしたのも、傀儡《かいらい》将軍とし、自分のねらいである「天下布武」をやりやすくするためのものであった。

遅かれ、早かれ、二人の間に亀裂が生ずることは、信長にはみえていることであった。光秀が、信長の家臣でありながら、義昭の近臣になっているということは、うがった見方をすれば、先の先を読んだ信長の戦略的配置だったようにも思える。

永禄十一年の段階は、まだ義昭も、「信長のおかげで将軍になれた」という思いがあったので、おとなしかった。しかし、翌十二年になると、義昭は、将軍に思ったほどの権限がなく、実権が信長に握られつつあることに不満をもちはじめた。そこで、「時代はそういうものなのだ」と、義昭が傀儡将軍であることに甘んじていれば、その後の両者の対立はおこりようもなかったわけであるが、義昭は将軍の権威を取りもどそうと、さまざまな画策をはじめたのである。

具体的には、諸国の武将たちに御内書《ごないしょ》を出しはじめた。御内書というのは、将軍の私的な手紙のことである。私的な手紙とはいっても、出し手が将軍である以上、それ相当の影響力をもったものだったことはいうまでもない。

その諸将宛の御内書の作成および送達に、義昭の近臣明智光秀がどの程度かかわっていたのかは残念ながら明らかではない。近習的立場、「申次《もうしつぎ》」的な立場からすると、光秀もかかわっていた可能性もあるが、のちの信長と光秀の関係を考えると、義昭の御内書には光秀はかかわっていなかったのではなかろうか。

義昭も、光秀が信長からも禄をもらっていることは知っていたので、そうした陰謀的なことがらについては、光秀を除外していたものと思われる。

信長の「条書」と光秀

義昭としては、そうした御内書発給を隠密裡にやっているつもりであったが、二条城内に光秀のような立場の者がいる以上、やがてその行動は信長側に知られることとなった。

年が改まって永禄十三年（一五七〇）、この年は途中で改元されて元亀《げんき》元年となるが、正月早々、信長が動きだした。義昭に五ケ条の「条書」を押しつけてきたのである。

そんなに長い文章でもなく、また、この時期の信長・義昭・光秀の三者の関係をうかがう上で興味深い文書なので、全文を読み下しにして引用しておこう（「成簣《せいき》堂《どう》文庫所蔵文書」『織田信長文書の研究』）。

（印文、義昭宝）

黒印

条々

一、諸国へ御内書を以って仰せ出《いだ》さるゝ子細あらば、信長に仰せ聞せられ、

書状を添え申すべき事、
一、御下知の儀、皆以って御棄破あり、其上御思案なされ、相定めらるべき事、
一、公儀に対し奉り、忠節の輩に、御恩賞・御褒美を加えられたく候と雖も、領中等之なきに於ては、信長分領の内を以っても、上意次第に申し付くべきの事、
一、天下の儀、何様にも信長に任置《まかせお》かるゝの上は、誰々に寄らず、上意を得るに及ばず、分別次第に成敗をなすべきの事、
一、天下御静謐《せいひつ》の条、禁中の儀、毎事御油断あるべからざる事、
已上
永禄十参
正月廿三日　（朱印）（信長、印文「天下布武」）
日乗上人
明智十兵衛尉殿

まず注目されるのは、文書の形式である。文書の場合、書き出しの方、すなわち右側の方を袖《そで》といい、書き止めの方、すなわち左側の方を奥といっている。この文書、袖に足利義昭の印が捺《お》してあり、奥に織田信長の印が捺してある非常に珍しい

形の文書である。

文書名をつければ、「足利義昭・織田信長条書」ということになるが、まず、信長の側で五ケ条の文案を考え、それを文章化して義昭に示し、義昭もその内容を納得して「承知した」という意味で、袖に印を捺して効力が発揮されるというものである。

宛名となっている日乗《にちじよう》上人と明智十兵衛尉の二人はいわばその証人といった位置づけであると考えられる。日乗上人というのは朝山《あさやま》日乗のことである。禁裏《きんり》再建に尽力した政僧で、この時期、信長に重用され、禁裏・義昭・信長の三者の間にあった。また、もう一人の明智十兵衛尉が光秀で、光秀もこの時期、義昭と信長の二人の間にたっていたので、「中立」的立場というものが、この際、証人として条書に書きつらねられたのであろう。

もっとも、この場合、単なる証人ではなかったことは、ここに引用した条書の四条目を読むことによってはっきりする。つまり、「天下のことは信長にまかせた」としているのである。これは、将軍義昭の行動を束縛するもので、光秀が、義昭と信長の両方に仕えるという両属の形を取りながら、信長による義昭束縛に手を貸した形となっていることは明らかである。

信長と義昭の対立の度が強くなれば、両属状態の光秀の立場はますますむずかしくなる。

光秀が義昭と袂を分かつ時

立花京子氏の研究によると、光秀はこの「足利義昭・織田信長条書」の証人となった直後から、それまでの花押とはちがう花押を使うようになったという（「明智光秀花押の経年変化と光秀文書の年次比定」『古文書研究』第四十六号）。立花氏の「光秀はこの時点で大きく信長への従属度を深めたのであり、この政治的決断が花押変形の契機であったと推測される」という指摘はあたっていよう。

では、光秀が義昭と袂《たもと》を分かつのはいつのことなのだろうか。

五ケ条の条書をつきつけて、将軍義昭の行動を束縛しはじめたが、それでおとなしくなる義昭ではなかった。裏で越前の朝倉義景と連絡を密にしはじめた。当然、その動きは信長も察知し、信長から義景へ上洛命令が出されている。

義景はこの命令を黙殺した。結局、信長はその年、すなわち元亀元年四月二十日、大軍を率いて京都を出馬し、若狭を経て越前に攻め入ったのである。

そして、この朝倉攻めの織田軍の中に光秀もいた。光秀としては、二重の意味で複雑な心境だったのではないだろうか。一つは、かつて朝倉義景に仕えたことがあったこと、そしてもう一つは、いま仕えている義昭が朝倉義景を頼りにしていることである。

しかし、このとき、光秀は、そうした苦しい胸の内は外に出さず、信長の家臣として大活躍をしている。もっとも、大活躍といっても、これまではこの朝倉攻めにおける光秀の戦功はあまり注目されてこなかった。秀吉の方に功績が行ってしまっていたからである。

このときの戦いのハイライトは、何といっても浅井長政の謀反を知った織田軍が退却するとき、秀吉が金ヶ崎城で殿軍をつとめたことであろう。〝藤吉郎の金ヶ崎退き口〟といって、秀吉の武功を語るとき、必ずとりあげられるものである。

ところが、実は、この〝金ヶ崎退き口〟は、秀吉の独壇場《どくだんじょう》ではなかった。明智光秀も殿軍に加わっていたのである。それは、元亀元年と推定される五月四日付の波多野秀治《はたのひではる》宛一色藤長書状（「武家雲箋《うんさん》」所収文書）によって明らかである。そこには、「金ヶ崎城に木藤・明十・池筑その外残し置かれ……」と記されている。

木藤は木下藤吉郎、すなわち秀吉のこと、明十は明智十兵衛尉で光秀のこと、池筑は、池田筑後守《ちくごのかみ》で、勝正《かつまさ》のことである。

こののち、天下人となった秀吉は、自己の武功として〝金ヶ崎退き口〟を宣伝し、また『太閤記』作者たちもこのことを大々的に書いたので有名になった。しかし、同じ働きをした光秀は敗者である。死人に口なしで、光秀の戦功は抹殺されて

金ヶ崎城址

しまった。光秀の履歴については、これに類することは多かったのではなかろうか。

おそらく光秀は、この朝倉攻めに従軍し、実際に朝倉勢と戦う中で、義昭と袂を分かちはじめたものであろう。ただ、義昭と信長との仲が完全に決裂しない段階では、袂を分かちようにも分かつことができなかったものと思われる。

というのは、信長としても、義昭の利用価値というものをきちんと計算しており、軽々に追放したりすることができなかったからである。

たとえば、その年九月から十二月にかけての「志賀《しが》の陣」といわれる戦いは、義昭がいたからこそ信長は難局を切りぬけることができたのである。

浅井長政の裏切りによって、這這《ほうほう》の態《てい》で京都に逃げもどった信長は、妹お市の方の夫である浅井長政討伐に向かった。これが六月二十八日の姉川《あねがわ》の戦いである。

このとき、信長は浅井・朝倉連合軍には勝ったものの、息の根をとめるまではいかず、その年の後半、今度は、浅井・朝倉連合軍が石山本願寺《いしやまほんがんじ》や比叡山延暦寺《ひえいざんえんりゃくじ》といった寺院勢力と結んで信長包囲の態勢を取り、南近江にまで攻め込んできた。特に、伊勢長島《いせながしま》の一向一揆をはじめとする各地の一向一揆の蜂起により、信長は窮地に立たされたのである。

そのとき、信長の打った窮余《きゅうよ》の一策が、将軍義昭を動かし、天皇から勅命講和を引き出すというものであった。信長にとって、義昭は利用価値のある存在だったのである。

しかし、こうした信長包囲網を裏で操っているのが義昭であることを信長は知っており、やがて対立はエスカレートしていく。

年月日の記載がないので、正確にいつのものであるかがわからないが、桑田忠親氏によると、元亀二年（一五七一）十二月ごろのものではないかという光秀の自筆消息が熱海のMOA美術館に所蔵されている（『大日本史料』第十編之七）。

この文書、宛名は「曾兵公」となっている。これは、義昭の近臣で、幕府の「御詰衆」でもある曾我兵庫頭助乗《そがひょうごのかみすけのり》のことで、光秀はこの消息の中で「我等進退の儀、御暇申し上げ候ところ……」といっている。つまり、光秀は、曾我助乗を通じて「お暇をたまわるようお願いしたい」と、義昭近臣の職を罷《や》めたい旨申し出ていたことがわかる。

それに対する義昭の答えを記したものがないので、その申し出がどうなったのかについてはわからない。しかし、光秀がその後も両属的立場を取っていたところからすると、義昭は光秀の辞職申し出に許可を与えなかったのであろう。

ちなみに、光秀が義昭と手を切るのは、あとでくわしくふれるように、天正元年（一五七三）二月、義昭が信長に対して挙兵したときであった。

第三章

坂本城主への抜擢

1 「一国一城の主」となる光秀

宇佐山城への入城

浅井・朝倉連合軍と信長軍が南近江を舞台として戦いをくりひろげた「志賀の陣」のとき、光秀はこれに従軍している。

『信長公記』によると、このとき、すなわち元亀元年（一五七〇）九月、信長は浅井・朝倉連合軍の攻撃に対抗して、比叡山の麓にいくつかの砦を築かせており、その一つ、穴太《あのう》砦（大津市穴太）の構築に光秀がかかわっていたことがわかる。

しかし、光秀はそのまま穴太砦の守備についていたわけではなく、同じころ、信長の命によって、比叡山西麓に築かれた勝軍《しようぐん》城（京都市左京区北白川）の方に入っている。『信長公記』に、「叡山西の麓古城勝軍搆、津田三郎五郎・三好為三・香西越後守・公方衆相加へ二千ばかり在城なり」とあり、「古城」とあるように、この勝軍山は別名瓜生《うりゆう》山といって勝軍地蔵が祀られており、かつて、足利義晴《よしはる》・義藤（義輝）父子が籠城したことがあった。信長は、浅井・朝倉連合軍に対抗するため、この「古城」をとりたてて城とし、そこに「公方衆」などを入れたのである。この「公方衆」の一人が光秀であった。光秀は、前章でみた勅命講和が成るまで、この勝軍城にいたのである。

「志賀の陣」は、まれにみるほどの信長側の苦戦で、信長の重臣の一人で、当時、宇佐山《うさやま》城（大津市錦織《にしこおり》）を守っていた森可成がそこで討死をしている。宇佐山城は、これまでは、「志賀の陣」にあたっての信長の陣城の一つと考えられてきたが、中井均氏によって、京・近江を結ぶ幹線道路の封鎖と新道の監視という任務を帯びた本格的な築城だったことが明らかにされている（『近江の城』）。

信長は、勅命講和という形で危機を脱したが、いつまた浅井・朝倉連合軍との間に戦いが勃発するかわからず、また、京・近江を結ぶ要地であることから、その城を誰にまかせるか悩んだものと思われる。

というのは、信長の重臣たちは、それぞれの任務を帯びて、すでに配置についてしまっていたからである。秀吉は横山城に、丹羽長秀が佐和山《さわやま》城に、中川重政が安土城に、柴田勝家が長光寺《ちょうこうじ》城に、佐久間信盛が永原《ながはら》城に置かれており、その中から誰かを宇佐山城に移せば、玉突き式に、そのあとの人事も考えなければならなかった。

そこで宇佐山城将に抜擢されたのが光秀だった。京都奉行としての経験、それに、金ヶ崎での殿軍などの軍功が評価されたものであろう。そのころの信長の城の中では一番京都に近い場所に、京都の政情にもあかるく、また、将軍義昭の近臣でもあるという光秀の立場を信長はうまく使おうとしたものと思われる。

ただ、いま私は、「宇佐山城主」とは書かず、「宇佐山城将」と書いた点については、少し付言しておかなければならない。このときの光秀は、「宇佐山城に置かれた」というのが正しい表現である。それは、そのころの秀吉の横山城、柴田勝家の長光寺城などにしても同じである。

地位としては、いわゆる「一国一城の主」すなわち城主ではなく、城将、あるいは城代などというのがあたっている。九州などでは、城督《じょうとく》などというい方もしているのである。単に城を預けられたのではなく、城まわりの所領も知行として与えられ、城主として城領支配に乗り出してはじめて「一国一城の主」となるわけで、このとき、光秀が宇佐山城に入った段階では、まだ城付《しろつき》知行《ちぎょう》はなく、したがって、城将と表現したのである。光秀が「一国一城の主」となるのは、このあと、光秀が坂本城に入り、志賀郡支配に乗り出してからである。

叡山焼き討ち

宇佐山城将時代の光秀にとって、何といっても一番印象的なできごとは、翌元亀《げんき》二年（一五七一）九月十二日の比叡山延暦寺の焼き討ちであろう。光秀は、この叡山焼き討ちにあたって中心的な役割をさせられているのである。

従来は、この叡山焼き討ちについて、信長家臣たちは、湖東の一向門徒の殲滅《せんめつ》がねらいと思っていたので、信長の意図を知ると、口ぐちに「王城鎮護の延暦寺に火をかけるなどもってのほか」と諫言《かんげん》をしたとされてきた。特に、光秀については、『天台座主記《てんだいざすき》』に「光秀縷々《るる》諫《いさめ》を上《たてまつ》りて云う」とあることから、諫止役の中心人物とされてきた。

ところが、一九七九年、大津市史編纂室による史料調査によって、この叡山焼き討ちにかかわるあらたな光秀文書が発見され、従来の通説的理解が誤りだったことがはっきりしてきたのである。一通の文書の発見によって歴史が書き換えられることになる、まさに好例といってよいできごとだった。

その一通の文書というのは、比叡山東麓の雄琴《おごと》の土豪である和田秀純に宛てた九月二日付の光秀書状である（「和田頴一家文書」『新修大津市史』第七巻近世前期）。書状なので年の記載はないが、内容から元亀二年のもので、叡山焼き討ちのちょうど十日前の文書であることがわかる。

内容は、和田秀純に対し、宇佐山城への入城を命ずるとともに、「仰木の事ハ是非ともなでぎりニ仕るべく候」と、織田軍に非協力的な仰木《おおぎ》（大津市仰木町）を攻め、皆殺しにすることを命じたものである。

叡山への総攻撃を直前になって知らされたのではなく、すでに十日も前の段階には、光秀がすでに動いていたことがわかる。しかも、光秀は、叡山に一番近い城である宇佐山城をまかされていたという特殊事情はあったが、信長の命令を忠実に実行していたことも浮かび上がってきた。

つまり、この新発見の一通の光秀書状によって、光秀が叡山焼き討ちの中心的実行部隊として、以前から準備にあたっていたことがわかるわけである。

そして、九月十二日の総攻撃によって、堂塔伽藍《どうとうがらん》に火がかけられ、山科言継《やましなときつぐ》の日記『言継卿記』によれば、「僧俗男女、三、四千人伐《き》り捨つ」という状況であったという。

坂本城の築城

『信長公記』は、九月十二日にくりひろげられた叡山焼き討ちの惨状を描写した文章に続けて、「数千の屍《しかばね》算《さん》を乱し、哀れなる仕合《しあわせ》なり。年来の御胸朦《きょうもう》を散ぜられ訖《おわんぬ》。去《さ》て志賀郡明智十兵衛に下され、坂本に在地候なり」と記している。

「年来の御胸朦を散ぜられ訖」とあるように、目の上のたん瘤《こぶ》といってもよい延暦寺を焼き、もやもやしたものがなくなってよほどうれしかったのであろう。信長は、焼き討ちの第一の功労者光秀に破格といってもよい恩賞を与えているのである。

『信長公記』は実に淡々《たんたん》と、「志賀郡明智十兵衛に下され、坂本に在地候なり」と書いているだけである。しかし、これは、このころの織田家臣団の中では、まさに破格の扱いだったといえる。この時点では、坂本城とは書かれておらず、「坂本に在地候なり」とあるだけではあるが、光秀は、近くの宇佐山城に入っており、ここにおいて、志賀郡一郡だけとはいうものの、「一国一城の主」になったのである。

信長の宿老ともいうべき柴田勝家・丹羽長秀・佐久間信盛ですら、そのような待遇は得ていない。ライバルとして功を競う秀吉も、このころはまだ横山城の城将にすぎなかった。光秀は、織田家臣団の中で、「一国一城の主」になった第一号だったのである。

では、それまでの宇佐山城から、湖畔の坂本に城を移したのはいつのことだったのだろうか。『信長公記』には、「坂本に在地候なり」とあるだけで、いつから築城にかかったかの記述はない。

また、坂本城築城に関し、それを元亀二年中のこととする史料もないではないが、いずれも後年に編纂されたものなので、そのまま信ずることはむずかしい。同時代の史料では、『兼見《かねみ》卿記』の元亀三年閏正月六日条にみえるのが初見であろう。

光秀と個人的にも親しかった京都の吉田兼見が、坂本に赴き、普請中の光秀を訪ねている記事である。

なお、『兼見卿記』にはそのあとも坂本城の普請に関する記述が散見するので、ついでにここで記しておきたい。たとえば、同年十二月二十二日に兼見が坂本を訪れたときには「城中天主作事」を見物しており、そのころ天守の作事が行われていたことがわかる。

そして、翌元亀四年（一五七三）、すなわち天正元年の六月二十八日、兼見は、「天主の下に立つ小座敷」で光秀と対面している。兼見のその日の記述に「移徙《いし》之折節、下向祝着《しゅうちゃく》之《の》由《よし》機嫌《きげん》也《なり》」とあるので、光秀はそのころ完成したばかりの坂本城に移ったのであろう。仮に元亀三年の正月から築城工事がはじまったとすれば、実に一年半以上をかけた大工事だったことになる。坂本城はそれだけ宏壮な城だったのである。

ただ、坂本城は、現在ほとんど遺構が残っていないため、どのような城だったのかをさぐっていくことは困難な状況にある。数年前、渇水によって琵琶湖の水が干上がったとき、ふだんは水面下にある石垣が姿を現したことがあった。私は、すぐカメラをもって現場に急行し、貴重な写真を撮ることができたが、あとは、現地に残る字名「城」「城畔」「的場」「御馬ヤシキ」などによって城域を推定していくしか

異常渇水で姿を現した坂本城の石垣

ない。

一九七九年から翌八〇年にかけて、城址の一部が発掘調査され、遺構・遺物が出てきたとはいえ、城域と推定される全体からみるとほんの一部で、全貌が明らかにされたわけではない。

もっとも、宏壮な城だったことはまちがいなく、ルイス・フロイスが、その著『日本史』の中で、「信長が安土山に建てたものにつぎ、この明智の城ほど有名なものは天下にないほどであった」と述べているのは、決して誇張ではなかったと思われる。

2 光秀の近江経営

志賀郡支配の実態

こうして、近江国の志賀郡（滋賀郡とも書く）が光秀に与えられたわけであるが、『信長公記』の「志賀郡明智十兵衛に下され……」という記述だけだと、何となく、それまで信長の所領だったものを光秀に与えたと理解してしまいがちである。つまり、すんなり光秀が志賀郡支配を引きついだかの錯覚にとらわれる。しかし、実際はそうではなかった。切り取ってはじめて自分の所領にできるというわけである。光秀の能力の有無が試されるわけで、まさに、真価が問われることになる。

志賀郡のかなりの部分は山門《さんもん》領荘園だった。つまり、比叡山延暦寺領なので、叡山焼き討ちによって、当の延暦寺が没落したため、光秀は、焼き討ち直後から山門領荘園の接収にかかっている。

しかし、中世の土地所有というものは複雑だった。そのため、光秀も、いくつかのトラブルに直面している。具体例を二つほどあげておこう。

まず一つは、元亀二年十月の正親町《おおぎまち》天皇の女房奉書（「廬山寺文書」）からうかがわれるものである。この女房奉書は甘露寺経元《かんろじつねもと》宛で、内容は、光秀が廬山寺を延暦寺の末寺としてその寺領を没収したが、廬山寺は、実際には末寺でないので、その行為をやめさせるよう指示したものである。

もう一つは、山科言継の日記『言継卿記』から浮き彫りになった事実である。『言継卿記』の元亀二年十二月十日条によって、やはり正親町天皇が、光秀の押領《おうりよう》をやめさせるよう、信長から義昭に斡旋するよう指示があったことがわかる。

ここでいう光秀の押領というのは、光秀が青蓮院《しようれんいん》・妙法院《みようほういん》・曼殊院《まんじゆいん》の三門跡領を、やはり延暦寺領として没収したことをさしている。

これらのことは、光秀による事前の領有関係の調査が不十分だったという側面はあるものの、かなりの急ピッチで山門領の没収が進んでいったことを物語るものでもあった。光秀にしてみれば、「このあと、信長様の信頼をかちとれるかどうか」という、まさに正念場だという思いがあったので、多少の無理は押しても没収していったものと思われる。

なお、叡山焼き討ち後、志賀郡一円が光秀に宛行《あてが》われたことは、元亀二年十二月日付の佐久間信盛宛信長朱印状（「吉田文書」『織田信長文書の研究』上巻）からもうかがうことができる。

この文書は、叡山焼き討ちに加わり戦功をあげた佐久間信盛に与えた「領中方目録」であるが、その一番最後のところに、つぎのような但し書きがある。すなわち、

一、新与力として進藤・青地・山岡を申し付け候。但し、進藤の事は、志賀郡に於いて扶助せしむる侍共に至りては、明智に相付くべきの事、

というもので、新しく、佐久間信盛の与力として、進藤賢盛《かたもり》・青地元珍《もとよし》・山岡景隆《かげたか》の三人が加えられたが、このうち、進藤賢盛の家臣で志賀郡において所領をもらっていた者がおり、彼らについては、光秀に付属させるというものである。

つまり、この但し書きによって、光秀による志賀郡の一円支配が、すでに元亀二年十二月段階において、信長から認められていたことがわかる。

このことと関係して、さきに私は坂本城の築城開始を、『兼見卿記』の記述から、元亀三年に入ってからとしたが、もしかしたら、元亀二年十二月から着手していたのかもしれない。

というのは、『年代記抄節』に、光秀が元亀二年十二月に、坂本に城を構え、山門領を知行したと記されているからである。ただし、この時期、光秀はまだ京都奉行の職にもあり、志賀郡支配の遂行、坂本城の築城と、一人三役をこなさなければならない忙しさで、築城の方は遅れた可能性はある。

光秀発給文書からこのころの光秀による志賀郡支配の進捗《しんちょく》状況を追うと、まず注目されるのは、元亀二年と推定される十一月十四日付の文書（「和田頴一家文書」）である。これは、叡山焼き討ちの十日前に光秀が出した雄琴の土豪和田秀純に宛てたもので、今堅田《いまかたた》への加勢に和田秀純が協力してくれたことに対して礼をした内容である。

同じく「和田頴一家文書」にはもう一通、同年十二月四日付の光秀の文書があり、それには、光秀が京へ向かうため、雄琴周辺の見回りができないという断りが記されている。京都奉行と志賀郡支配という多忙な光秀の様子がうかがえるとともに、光秀自身が見回りにでなければならないほど、志賀郡はまだ安定していなかったことがわかる。

では、光秀による志賀郡支配が安定してくるのはいつぐらいからなのだろうか。この点について、『新修大津市史』は、『兼見卿記』にみえる吉田兼見の小姓逐電《ちくでん》事件というものを素材として、興味深い分析を行っている。

この兼見の小姓逐電事件がおきたのは、天正七年（一五七九）二月のことである。二月二十二日に、志賀郡雄琴の出身だった吉田兼見の小姓与次《よじ》という者が逐電したのがそもそもの発端である。

兼見は光秀と親しく、また与次の出身地が光秀の所領内志賀郡雄琴なので、光秀に小姓与次の探索を訴えた。その後、雄琴の代官大中寺某と川野藤介の二人が与次をさがし出し、一件落着となった。

『新修大津市史』は、この事件をとりあげ、「光秀の在地支配が、ごくわずかの間に逐電したものを探索しえるほどまでに完備していたこと、および詳細は不明ながら、その支配組織として代官がおかれていたことなどを示してくれる」と述べている。

この事件は天正七年のことなので、そのころには、志賀郡支配は安定したものとなっていたものと思われる。

堅田の征圧と水軍の掌握

話が天正七年まで行ってしまったが、再び、光秀が志賀郡を与えられたばかりのころにもどそう。

『信長公記』によると、元亀三年三月十一日のこととして、「志賀郡へ御出陣。和《わ》邇《に》に御陣を居《す》ゑさせられ、木戸・田中推詰め、御取仰付けられ、明智十兵衛・中川八郎右衛門・丹羽五郎左衛門、両三人取出にをかせられ……」とみえる。ここに「御取」とあるのは南葵《なんき》文庫本には「取出」とあるので、砦のことであろう。

志賀郡の経略を光秀にまかせたものの、信長としても心配になり、自ら出向いてきたのである。しかも、このときは、浅井勢が湖西の高島郡に南下してきたので、光秀だけにはまかせておけないと、中川重政・丹羽長秀の軍勢も投入したのである。

そしてこのあと、『信長公記』に興味深い記述がみられる。光秀が水軍を率いて江北の浅井方拠点を攻撃したというのである。同書に元亀三年七月二十四日のこととしてつぎのように記されている。

……海上は打下《うちおろし》の林与次左衛門・明智十兵衛・堅田の猪飼野《いかいの》甚介・山岡玉林・馬場孫二郎・居初《いそめ》又二郎仰付けられ、囲舟を拵《こしら》へ、海津浦、塩津浦、与語の入海、江北の敵地焼払ひ、竹生島へ舟を寄せ、火屋《(矢)》・大筒・鉄炮を以て攻められ候。

要するに、光秀が、堅田の猪飼野甚介らとともに、軍船をあやつり、江北の浦々を襲い火矢や大筒で攻めかけたというものである。「囲舟」とは、防御装備を施した軍船のことであろう。

堅田は、本願寺と関係の深い本福寺があり、本来は一向一揆地帯だった。しかも、「堅田湖賊」といわれるように、舟をあやつるのに巧みな人が多数いたところである。光秀は、その堅田の猪飼野甚介を味方とし、ある程度堅田水軍の掌握に成功していたことがわかる。秀吉が陸上で小谷城の浅井長政を追いつめ、光秀が湖上で浅井軍を追いつめていたのである。

ただ、今堅田城は、本願寺勢が依然として楯籠《たてこも》っていた。結局、天正元年（一五七三）二月二十九日、光秀らが軍船で今堅田城を攻撃してこれを落とすことに成功した。『信長公記』が記すように、ここにおいて、志賀郡のほとんどが光秀の支配に服するようになったのである。

なお、このときの戦いに関連した光秀文書がある。一通は天正元年と推定される二月十四日付河嶋刑部丞宛で、もう一通は同年二月二十四日付河嶋市介宛である（「革嶋文書」『大日本史料』第十編之十四）。ともに、木戸表の戦い、今堅田城の戦いにおける戦功を賞したものであるが、どちらにも、河嶋刑部丞の手の疵《きず》をいたわる文言が記されている。

こうしたやさしさのにじみでた文書は皆無というわけではないが、戦国武将としては珍しい。光秀の家臣思いの一面が出ているといえよう。

ちなみに、今堅田城攻めで戦死した一八名の家臣を弔《とむら》うために、光秀は坂本の西教寺に供養米を寄進している。これも戦国武将としては珍しい。光秀の人がらを知る上で特記されることではなかろうか。

光秀の家臣団

家臣団のことがでてきたついでなので、ここで、このころの光秀の家臣団についてふれておきたい。

光秀が信長にはじめて仕えたとき、信長から与えられた知行貫高は史料によってまちまちで、よくわからない。『明智軍記』は、「濃州安八郡ニ四千二百貫ノ闕所ノ在ケルヲ、十兵衛ニゾ下サレケル」とあるが、もとよりこの数値をそのまま信用することはできない。『細川家記』が五〇〇貫文としているあたりが妥当な線かもしれない。

では、五〇〇貫文でどのくらいの家臣をもてたのだろうか。織田家中で、軍役基準を記したものはみあたらないので何ともいえないが、同時代の関東の後北条氏の例で考えると、七貫文につき一人の軍役負担というケースが多いので、光秀にも七〇人ぐらいの家臣がいたと思われる。

その後、次第に出世していって貫高もふえ、当然、それにみあって家臣の数もふえていったはずである。志賀郡を与えられ、坂本城の城主となったころには、かなりの数にふくれあがっていたものと思われる。

志賀郡は、近世的な石高でいうと約五万石といわれている。つまり、光秀は、「一国一城の主」になったとき、五万石の大名として位置づけられたということになる。近世の軍役体系は、よくいわれるように一万石あたり二五〇人なので、家臣の数は一二五〇人という計算になる。その通りではなかったとしても、それに近い数字だったのではないかと思われる。

雄琴の土豪だった和田秀純や、山城国革嶋荘あたりから参陣してきていた河嶋刑部丞らは光秀の直臣とみてよいが、光秀家臣団はそうした直臣だけから成っていたわけではなかった。信長が「与力制《よりき》」をとっていたのである。

与力は、寄騎とも書くし、寄子ともいった。戦国武将の家臣団構成においてよくみられる「寄親《よりおや》寄子《よりこ》制」と同じである。寄親も寄子も、戦国大名の家臣という立場では同じであるが、合戦などのとき、寄子は、寄親の指揮下に入って軍団を編成するというものである。

光秀の場合、光秀に与力として付けられたのは、志賀郡領主時代でみると、さきの『信長公記』の元亀三年七月二十四日のところに名前の出た林与次左衛門員清《かずきよ》、猪飼野甚介昇貞《のぶさだ》、山岡玉林景猶《かげなお》、馬場孫二郎、居初又二郎らがこれにあたる。彼らは、信長に仕え、光秀に預けられている形であった。これらの者の下にはその被官がおり、総勢で一二五〇人ぐらいというわけである。

両属関係の解消へ

ところで、光秀が坂本城主となり、志賀郡支配に乗り出していったころ、信長と義昭の仲はますます悪化していった。前章の最後のところでみたように、元亀二年の段階で、光秀は義昭から離れようとしたが、義昭からの許しがなく、そのままの両属関係は続けられていたのである。

光秀が志賀郡支配に手こずったのは、北近江の浅井長政が堅田の一向一揆などと結んで光秀の支配を邪魔したからであった。浅井・朝倉が信長に抵抗をしたのは、裏で義昭があやつっていたからである。光秀は、そのあたりの事情は知っていた。したがって、そのころには両属とはいっても、実体のないものだったことはいうまでもない。

前述した天正元年二月の今堅田城の戦いは義昭との戦いでもあった。義昭の側近が近江の石山城、今堅田城に籠ったのが発端だからである。そして、この今堅田城攻めの最大の功労者が光秀だったわけで、ここにおいて、光秀は完全に義昭と手を切ったことになる。

しかし、この時期、信長には不安材料があった。甲斐の武田信玄が前年十月、甲府の躑躅ケ崎館《つつじがさき》を出陣し、十二月二十二日、遠江《とおとうみ》の三方ケ原《みかたがはら》で同盟者徳川家康を破り、西上途中だったからである。信長が義昭を追いつめることができなかったのはそのためである。

ところが、信玄は天正元年四月十二日、信州の駒場《こまんば》というところで死んでしまった。これで信長の脅威はなくなった。一方、義昭の方は信玄の死をキャッチできていなかった。そのため、七月、再度、信長に対して挙兵をするわけであるが、結局、七月十八日、楯籠った宇治槇島《まきしま》城を出て、信長に降服するのである。すでに義昭のことを見限っていたとはいえ、光秀としては複雑な心境であったろう。ただ、義昭の降服、室町幕府の滅亡によって、光秀にとってプラスになった面のあったことも指摘しておかなければならない。

幕府が滅亡したことによって、「公方衆」とよばれた旧幕府衆のかなりが光秀家臣団に組みこまれることになったことである。主なところでは、伊勢貞興《いせさだおき》・諏訪飛驒守《すわひだのかみ》・御牧景重《みまきかげしげ》らがそうである。

3 秀吉との熾烈な出世争い

対照的な光秀と秀吉

『老人雑話』(『改定史籍集覧』第十冊)という本がある。江村専斎《せんさい》という戦国時代を生きた老人の思い出話を聞き書きしてまとめたものである。その中に、光秀と秀吉の二人を比較して論評している部分があり、ほぼ同時代人の光秀・秀吉比較論として注目に値する。その部分をつぎに引用しておく。

筑前守は信長の手の者の様にて、其上磊落《らいらく》の気質なれは、人に対して辞常にをこれり。明智は外様のやうにて、其上謹厚《きんこう》の人なれは、詞《ことば》常に慇懃《いんぎん》なり。

文中、「をこれり」は「驕《おご》れり」であろう。つまり、秀吉の豪放磊落・傲慢《ごうまん》に対し、光秀の謹厳《きんげん》実直・慇懃というちがいが指摘されており、このあたりは、同時代の人の目にもそのように映っていたのであろう。ちなみに、『老人雑話』によると、江村専斎は永禄八年（一五六五）の生まれということなので、光秀・秀吉の時代と一部重なっている。

この江村専斎の光秀・秀吉比較論で特に注目されるのは、秀吉が信長の「手の者」であるのに対し、光秀が「外様」だという指摘である。文脈上からすると、秀吉は信長の「手の者」なので豪放磊落の気質で、光秀は「外様」だったから謹厚・慇懃だったと読みとることができる。

では、秀吉が信長の「手の者」だったというのはどういうことなのだろうか。「手足のように動く者」ともとれるが、ここは、染谷光廣氏が「明智光秀と秀吉」（二木謙一編『明智光秀のすべて』）の中で述べているように、「手にはいった者」と解するのが妥当であろう。

秀吉も光秀も、織田家臣団の中ではいってみれば〝途中入社組〟である。はえぬきの柴田勝家・丹羽長秀・佐久間信盛らにくらべると、出発当初から大きなハンデをもっていた。

しかし、秀吉は、小者という、城中の雑用係をつとめる、武士としては最末端に位置するところから、もちまえの知恵と才覚でトントン拍子の出世をし、はえぬきの柴田勝家らと肩を並べるまでになった。

光秀も、第一章および第二章でみてきたように、各地を渡りあるきながら、朝倉義景に仕え、足利義昭を信長に斡旋する代償として信長家臣に加えられたのである。信長にしてみれば、有能な家臣をスカウトした形だった。しかも、光秀は、信長だけではなく、義昭にも仕えるという、織田家臣団の中では特殊な位置づけをされていた。それが、「手の者」と「外様」のちがいとなっていたのであろう。

もし、信長が門閥《もんばつ》主義、年功序列の人事をやっていれば、秀吉にしても光秀にしても、このように早く世に出ることはなかったのではなかろうか。

周知のように、秀吉は、尾張中村の貧しい百姓の家に生まれている。父弥右衛門《やえもん》は苗字をもてない階層の百姓だった。それが信長の小者として仕え、小者頭、足軽、足軽組頭、足軽大将、そして侍大将へと出世をしていったのである。しかも、短期間であった。

光秀は、生まれは第一章で述べたように、美濃守護だった土岐氏の一門明智氏の系累で、ランクとしては国人領主なので、信長の父信秀とは同じレベルであり、仮に信長が門閥主義をとっていても、ある程度の地位にまでは行ったであろう。しかし、スピードはそうはいかない。

光秀が信長に仕えることになったのは永禄十一年（一五六八）である。それが三年後の元亀二年（一五七一）には、信長家臣の第一号として「一国一城の主」になっているわけで、まさに、能力本位の人事を貫いた信長ならではの抜擢だったといってよい。

そして信長は、数ある家臣の中で、特に光秀と秀吉の二人に功を競わせたふしがある。〝途中入社組〟という経歴で一致する二人は、採用された年はちがうが、ある面では、お互い、同期のライバルという意識をもっていたのではないかと思われる。信長は、その二人のライバル意識をうまく利用し、お互いを競争させることによって、自己の「天下布武」実現に邁進《まいしん》していったのである。

しかし、同じライバルといっても、二人の性格というか、人間性がこうもちがうというケースは珍しいのではなかろうか。秀吉は、自ら百姓の出であることを隠さないし、卑下《ひげ》もしない。信長から怒られれば、平蜘蛛《ひらぐも》のように這いつくばって謝り、そのあと、おどけてみたりする剽軽《ひようきん》なところがあった。

それに対し光秀は、「美濃の名門明智氏の人間だ」という誇りがあり、また、将軍義昭の近臣というプライドもあり、おそらく、信長の前でくだけた態度をとることもなかったであろう。生真面目という言葉がぴったりの人物であった。江村専斎が『老人雑話』でいう、磊落と謹厚のちがいはまさにこれである。

性格のちがい、人間性のちがいがこうもある二人をあえて組ませてコンビとしたのは信長の策略だったといってよい。

これはいまの会社組織などでもいえることであるが、同じような考えをもつ人、同じような発想しかしない人を二人組ませても発展性はないわけで、信長は、全くちがう二人をコンビにすることで、組織の活性化をはかろうとした。その手はじめが京都奉行であった。

秀吉との共同行動

第二章第二節「京都奉行就任」のところでみたように、光秀の名で出された最初の文書は、永禄十二年（一五六九）四月十四日付で賀茂荘中に出された秀吉との連署状であった。信長は、上洛後の京畿周辺の安定のため、秀吉・光秀コンビに期待していたことがわかる。

秀吉にしてみれば、このときがはじめての京都である。それまで、幕府衆とか公家などとの接触は一度もない。すべて初体験であった。それに対し、光秀の場合は、「永禄六年諸役人附」にみえる「明智」を光秀とすれば、すでに十三代将軍義輝のときに将軍近臣の一人となっていた。つまり、幕府衆・公家との交渉には慣れていたことが考えられる。

このあたり、明確に書かれた史料がないので何ともいえないが、もしかしたら、秀吉が尾張武士の野蛮さをむきだしにして、幕府衆や公家たちに圧力をかけ、それをなだめるような役まわりとしてスマートな光秀が、信長の考える方向に話をもっていったのかもしれない。

なお、光秀・秀吉コンビによる二人の共同行動は、京都奉行といった内政面に関するものばかりではなかった。軍事行動においても共同行動がある。

たとえば、前述したように、元亀元年（一五七〇）四月の信長による越前朝倉攻めのとき、浅井長政の寝返りによって兵をもどすことになった段階で、金ヶ崎にとどまって朝倉勢の追撃を防いだ有名な「金ヶ崎退き口」は、従来は秀吉一人の戦功として喧伝《けんでん》されてきたが、実際は、秀吉と光秀、それに池田勝正の三人でことにあたったことが明らかにされている。

「金ヶ崎退き口」は殿軍《でんぐん》の戦いであるが、光秀・秀吉の二人が、織田軍の先鋒として、並んで前線に立ったこともあった。天正三年（一五七五）八月の越前一向一揆討伐の戦いである。

このとき、信長は、柴田勝家ら主だった部将を率いて越前に攻め込んでおり、そこに光秀と秀吉もいた。『信長公記』によると、光秀・秀吉の軍勢は敦賀《つるが》から船に乗って北陸海岸に入り、光秀軍は杉津浦、秀吉軍は河野浦に上陸し、お互い、先陣を争うように府中に攻めかかり、八月十五日夜、府中の龍門寺《りゅうもんじ》城を落としているのである。

しかもそればかりではなく、二十三日には、やはり、光秀軍・秀吉軍の二隊が先鋒になって加賀に乱入し、江沼《えぬま》・能美《のみ》の二郡を占領している。光秀は光秀で、「秀吉には負けたくない」と思い、秀吉は秀吉で、「光秀に負けるわけにはいかない」と考え、兵を励ましたのである。これは、明らかに信長の策略であった。

茶会開きの許可は光秀が先か

この天正三年八月の越前一向一揆討伐の直前、具体的には七月三日のことであるが、禁中で蹴鞠《けまり》が行われ、信長もこれに参内している。そのとき、信長に対し朝廷から官位昇進の沙汰があった。

しかし、信長は何を考えていたのか、この官位昇進を辞退し、代わりに家臣の改姓任官を要求している。『信長公記』によると、武井夕庵《せきあん》を二位法印に、松井友閑《ゆうかん》を宮内卿法印に、明智光秀を惟任《これとう》日向守に、丹羽長秀を惟住《これずみ》に、簗田《やなだ》広正を別次《べつき》右近大夫にしたいといって、それが許されている。

実際に信長から推薦があって、朝廷から許可されたのがこの五人だけだったのか、もしそうであれば、織田家臣団の中で、たとえば柴田勝家や佐久間信盛・羽柴秀吉ら錚々《そうそう》たるメンバーがぬけているのはどうしてなのか、いくつかの疑問が浮かんでくる。

特に、このころ、信長が目をかけていた秀吉の名前がないのは不思議なことといわなければならない。

そこで、これは私の推測であるが、『信長公記』には、このとき改姓および任官のあったすべての名前が書かれてはいなかったのではないかと思われる。何といっても、信長が光秀と常に功を競わせていた秀吉の名前がないのはおかしい。

そして、この点をもう少しつっこんでいくと、現在、秀吉が自ら「筑前守」と署名した最初の文書が天正三年八月七日付であり（「嶋崎与志雄氏文書」）、この同じときに秀吉も筑前守に任官したことが考えられるのである。また、そのあと、『信長公記』にも「羽柴筑前守」として出てくるのである。

さきの五人以外に、もう一人改姓・任官の沙汰を受けた者がいる。塙直政《ばんなおまさ》である。彼はこのあと原田備中守《はらだびっちゅうのかみ》と名乗っている。つまり、天正三年七月三日の改姓・任官によって、少なくともこの七人はその恩恵に浴したものと思われる。

ここで注目されるのは、惟任・惟住・別次・原田という姓である。これらはいずれも九州の名族であった。また、日向守・筑前守はいずれも九州の国の守である。信長は明智光秀と羽柴秀吉の二人に、将来とりかかることになるであろう九州侵攻の先鋒をまかせるつもりだったのではなかろうか。

ただ、光秀には姓と官が与えられているのに対し、秀吉には官だけであるという点は、あるいは信長が二人を差別していたことの現れなのかもしれない。

元亀二年(一五七一)九月に、近江国志賀郡を与えられ、坂本城の城主となった光秀に対し、二年遅れで秀吉が天正元年(一五七三)九月、浅井長政の旧領北近江三郡(伊香《いか》郡・東浅井《ひがしあざい》郡・坂田《さかた》郡)を与えられ、小谷城主となった。これが、信長家臣で「一国一城の主」となった第二号である。

秀吉は、翌年、城を琵琶湖畔の今浜に移し、そこを長浜《ながはま》と改称している。つまり、ちょうど琵琶湖をはさんで、西に光秀の坂本城、東に秀吉の長浜城というわけで、その中間に信長の安土城がこのあと天正四年から築かれ、安土城を鶴の頭とする鶴翼《かくよく》の形ができあがるのである。

志賀郡は前述したように近世の石高でいえば五万石であり、秀吉が領することになった北近江三郡は十二万石である。つまり、一度は先を越されていた秀吉が、この時点で光秀を追いぬいたことになる。

信長はそのあたりを考え、名前で光秀の方をリードさせたのかもしれない。このあたり、家臣のやる気を引き出す信長の手の内がみえるようである。

ライバル秀吉とのデッド・ヒートといってよい熾烈な出世争いは、その後も続いた。信長は、足利義昭を擁して上洛したあと、史上有名な「名物狩」を行って、茶道具の名器を多数手にしており、家臣たちに、戦功に応じて名物茶道具を褒美《ほうび》として与えていた。これによって武将たちをコントロールしようというもので、当時、「茶の湯御政道《ごせいどう》」などといわれた。

だいぶのちになるが、天正十年（一五八二）三月、甲斐武田勝頼を討った戦いで戦功のあった滝川一益《かずます》が、論功行賞の結果、関東管領《かんれい》に任ぜられ、上野廐橋《うまやばし》城主に抜擢されたとき、「本当は、信長様から珠光《しゅこう》小茄子《こなすび》という茶入れをいただきたかったのに」とぼやいた話は有名である。一国に匹敵する茶器という価値観を信長は作りあげていたのである。

「茶の湯御政道」というのは、信長から名物茶器（とりわけ釜）を与えられたものが、茶会を開くことができるというものである。茶会は誰もが自由に開けるのではなく、信長家臣の場合、信長から名物茶器をもらってはじめて開けるわけで、これは、家臣のランク付けともなっていた。まさに「重臣の証明」というわけである。

この点で、光秀と秀吉をくらべてみよう。どうやら、名物茶器をもらったのは、秀吉の方が早かったようである。秀吉は、天正五年（一五七七）十二月、信長から、播磨経略の恩賞として乙御前《おとごぜ》の釜をもらっている。『信長公記』によると、十二月十日、信長が三河へ鷹狩りに出るため安土を留守にするとき、「近日中に秀吉がくるから、そのときこの乙御前の釜をやってくれ」といい置いて出かけている。実際に、秀吉が乙御前の釜を手にしたのがいつかは不明であるが、信長が安土にもどってきたのが十二月二十一日なので、その間のことであろう。

一方、光秀の方はというと、年が明けて天正六年（一五七八）正月元日に信長から八角釜をもらっている。

秀吉が釜をもらってもすぐ茶会を開かなかったのに対し、光秀は、正月十一日の朝、坂本城で津田宗及《そうぎゅう》・平野道是・銭屋宗訥《ぜにやそうとつ》を招いて信長から拝領した八角釜の釜開きの茶会を開いている（『天王寺屋会記』）。

ちなみに、秀吉が同じく信長から拝領した乙御前の釜を使って、攻撃中の三木《みき》城の付城《つけじろ》内ではじめて茶会を開いたのは、光秀から十カ月ほど遅れたその年の十月十五日のことであった。

第四章 光秀の丹波経略と「近畿管領」

1　武将としての力量を試される

京都奉行はいつまでか

足利義昭が宇治槇島城を信長に攻められ、降服した時点で室町幕府は滅亡した。したがって、それまでの「信長・義昭二重政権」から信長単独政権となり、京都とその周辺の支配システムもかなりかわってきた。

槇島城攻めから京都にもどった信長は、家臣の村井貞勝を「天下所司代」に任命している。それは、『信長公記』によると、「在洛候て、天下諸色《しよしき》申付けられ候」というポストであり、「天下所司代」とあるが、これが京都所司代であった。以後、村井貞勝が京都に常駐し、禁裏や公家との交渉、京都の庶政にあたることになった。

ところが、村井貞勝が京都所司代になった天正元年（一五七三）七月末からしばらくの間、そのポストは村井貞勝だけではなかったようなのである。京都の庶政にかかわる村井貞勝の発給文書の多くが、貞勝単独ではなく、光秀との連署が多いという事実が指摘される。

谷口克広氏の『織田信長家臣人名辞典』の村井貞勝の項から、光秀との連署状などを引き出すとつぎのようになる。

(1)天正元年十二月十六日、策彦周良《さくげんしゆうりよう》に、山城安弘名における妙智院《みようちいん》の年貢の直務を確認する（「妙智院文書」）。

(2)同日、安弘名小作中に対し、年貢を妙智院に納めるよう命じる（「妙智院文書」）。

(3)同年十二月二十六日以前、寂光院《じやつこういん》および三千院の知行を安堵する（「来迎寺文書」）。

(4)天正二年十二月二十一日、朱印状に任せ、賀茂社に境内および散在する社領を安堵する（「賀茂別雷神社文書」）。

(5)天正三年二月十三日、千部経読誦《どくじゆ》があるため、嵯峨清凉寺《さがせいりようじ》に禁制を掲げる（「清凉寺文書」）。

(6)同年七月七日、壬生朝芳に、野中郷の畑を安堵する（「宮内庁書陵部文書」）。この文書のみ、村井貞勝・明智光秀・塙直政の三人連署。

そのほか、明智光秀文書研究会の作成した「明智光秀文書目録」（『近江地方史研究』三十一号）によると、年がわからないものの、村井貞勝と光秀との連署状はつぎに示す六点を数えることができる。

(7)三月二十八日（「法金剛院文書」）。
(8)五月十四日（「天龍寺文書」）。この文書は、村井貞勝・明智光秀・武井夕庵の三人連署。
(9)五月二十三日（「賀茂別雷神社文書」）。
(10)十一月十四日（「賀茂別雷神社文書」）。
(11)十二月二十日（「真珠庵文書」）。
(12)十二月二十九日（「若宮八幡宮文書」）。

これらは、いずれも天正元年七月から同三年七月までの二年間のもので、この時期、京都所司代は村井貞勝であるが、その補佐役的な立場として光秀がついていたものと思われる。

信長は、光秀がそれまで京都奉行をそつなくこなしてきた経歴を高く評価し、幕府滅亡後の京都庶政にあたらせたのであろう。おそらく、光秀は、このころ、近江の志賀郡だけでなく、山城国の一部も支配するようになっていたものと思われる。天正元年七月から同三年七月までの二年間、光秀は武将であるとともに、奉行としても信長から期待されていたわけである。

村井貞勝と光秀との連署状は、天正三年七月七日付の壬生朝芳宛の文書を最後に、そのあとは一点もみられなくなる。ということは、そのころ、光秀が京都奉行の職から離れたのではなかろうか。

　ちなみに、現在までのところ確認される範囲でみると、光秀が単独にしろ、連署にしろ、京都の庶政、朝廷・公家のことに関して文書を発給している最後は、天正三年七月十四日付、藤宰相宛のものではないかと思われる（「高倉旧蔵文書」『織田信長文書の研究』補遺）。

　つまり、光秀が、京都奉行についていたのは天正三年七月までということになる。

天正三年十一月から丹波へ

　では、信長が、京都の公家衆との間に人脈もあり、それまで信長の期待を裏切ることなく誠実にその職をつとめてきた光秀を、この時期に解任したのはどうしてなのだろうか。その答えは簡単である。信長が、光秀のもつ武将としての資質を高く評価し、奉行といった文官ではなく、武官として使おうと考えたからである。

　光秀は、すでにみたように、元亀元年四月の「金ヶ崎退き口」、同二年九月の叡山焼き討ち、天正元年二月の今堅田城攻め、同三年八月の越前一向一揆討伐にはなばなしい活躍をし、信長も光秀の軍略に注目するようになっていた。そこで与えられた新たな任務が丹波経略であった。

天正三年という年は、信長の「天下布武」戦略にとって、画期となる年であった。それは、五月二十一日の、三河長篠《ながしの》・設楽原《したらがはら》の戦いで、年来の宿敵だった武田信玄の子勝頼を撃破することができたからである。息の根をとめるというところまではいかなかったが、これで東方の脅威はひとまず去った形となった。

そこで信長は、ようやく西に目を向けることができるようになった。京都を押さえているとはいえ、それより西および北がほとんど手つかずだったのである。

長篠・設楽原の戦いで武田勝頼を破って五月二十五日、岐阜に凱旋した信長は、丹波攻めの戦略を練りはじめた。信長は、はじめから丹波攻めの総大将を光秀とすることに決めていたらしい。それは、天正三年六月七日付で、丹波の川勝大膳亮《かわかつだいぜんのすけ》継氏《つぐうじ》という武士に宛てた朱印状（「記録御用所本古文書」『織田信長文書の研究』下巻）によってわかる。そこには、丹波の内藤定政・宇津頼重《うつよりしげ》が敵対しているので、「誅《ちゅう》罰《ばつ》を加うべきため、明智十兵衛を指し越され候」とあって、光秀に合力することを命じている。

同内容のことが、六月十七日付で小畠左馬助《おばたさまのすけ》にも出されており（「小畠文書」）、このころ、明智光秀を総大将として丹波に攻め入らせる作戦がかなり具体化してきたことがわかる。

ふつうならば、これだけの動きがあると、すぐ丹波への出陣となるが、ちょうどこのとき、越前で動きがあり、信長自身出陣することになり、これに光秀も動員されたので、丹波攻めはあとまわしとなった。

京都のすぐ隣で、文字通り織田政権のお膝元といってよい丹波国が天正三年段階で信長の勢力圏に入っていないことに疑問の念を抱かれた方もいるのではないかと思われる。

実は、丹波は、これより少し前の段階ではほとんど信長になびいていたのである。そうした状況が大きく変わったのは、天正元年七月の室町幕府の滅亡だった。それまでの「信長・義昭二重政権」のときにはそれに従っていた丹波の有力国人領主の荻野直正《おぎのなおまさ》が信長から離叛したことが、そもそもの引き金であった。

荻野直正は、『信長公記』には赤井悪右衛門《あかいあくえもん》として出てくる。同一人である。居城は丹波黒井城《くろいじょう》（兵庫県丹波市春日町）で、隣国但馬《たじま》の一部にまで勢力を伸ばす丹波の一大勢力であった。荻野直正に少し遅れて、元丹波守護代だった内藤氏や宇津氏も信長を離れたため、信長としても、そのままに放置しておくわけにいかず、武田勝頼を破った余勢をかって丹波経略に乗り出したというわけである。

こうして天正三年十一月、明智光秀を総大将とする織田軍が丹波へ攻め入っていった。攻撃目標となったのは、荻野直正の拠る黒井城だった。

第一次黒井城の戦い

『信長公記』によると、天正三年九月二日、信長による越前一向一揆討伐の論功行賞として、細川藤孝に丹波国桑田《くわた》郡と船井《ふない》郡の二郡が与えられている。この二郡は一二三ページの図からも明らかなように、丹波国の中でも最も山城国寄りで、この二郡についてはほとんど離叛の動きはみられず、織田氏の勢力圏になっていたのであろう。問題はそれ以外の地域であった。

黒井城の荻野直正は、甲斐の武田勝頼、石見《いわみ》の吉川《きっかわ》元春《もとはる》らと連絡をとっており、これは荻野直正が、いわゆる「反信長統一戦線」の中に組み込まれていたことを物語る。信長としては、お膝元ともいうべき京都に近いというだけでなく、そうした「反信長統一戦線」を瓦解《がかい》させるためにも、丹波経略が急務だったのである。

十一月、光秀は兵を率いて但馬の竹田《たけだ》から丹波の氷上《ひかみ》郡に攻め入った。そして荻野直正の居城黒井城攻めにかかった。のちに、光秀によるこの黒井城攻めがもう一度あるので、天正三年十一月から翌四年正月にかけての戦いの方を第一次黒井城の戦いと仮称するが、この戦いのときには、丹波八上《やかみ》城（兵庫県篠山《ささやま》市八上）の波多野秀治も光秀軍に加わり、同年十一月二十四日付で、吉川元春に宛てた八木《やぎ》豊信《とよのぶ》の書状によると、「丹波国衆過半無レ残惟日一味候」（『吉川家文書』）という状態だっ

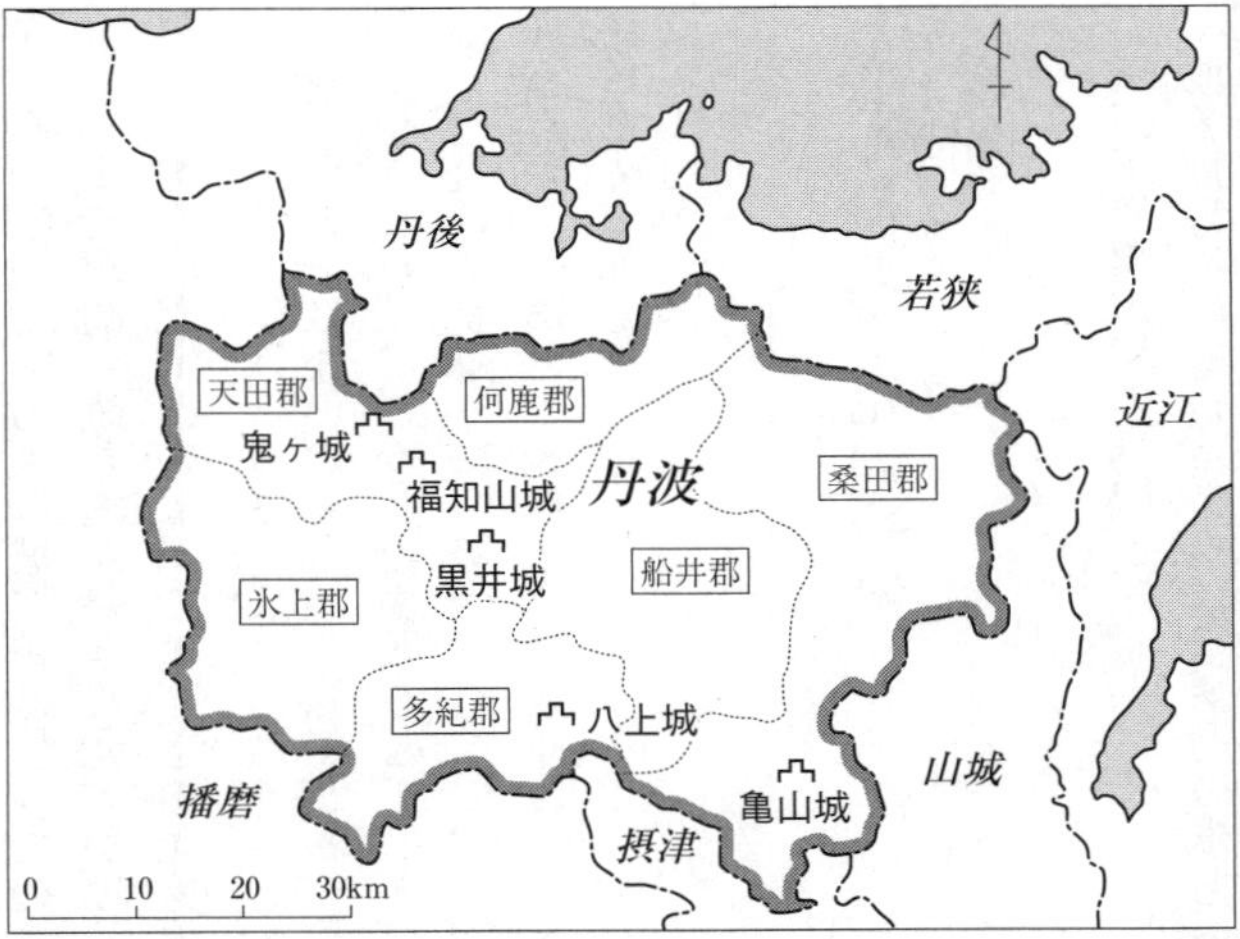

丹波国の諸郡と主要な城

た。

「惟日」は、惟任日向守のことで、すなわち光秀を指している。つまり、光秀による黒井城攻めで、丹波の国衆のほとんどが光秀に一味したというわけで、光秀としても勝利を確信したと思われる。

ところが、黒井城は、要害堅固な山城で、光秀の包囲にもかかわらず、容易に落ちなかったのである。結局、年を越して翌天正四年正月十五日のことになるが、光秀に一味して一緒に黒井城攻めに加わっていた波多野秀治が突然裏切り、これによって黒井城攻めは失敗に終わっているのである。光秀が自らの居城である坂本城に逃げ帰ったのはその月の二十一日であった。

それまで順調に勝ち進んできた光秀がはじめて味わった挫折といってよい。光秀にとって幸いだったのは、このときの光秀の失敗・敗走を信長が責めなかったことである。信長にしてみれば、「この場合、ほかの部将を遣《つか》わしても光秀と同じ結果になったのではないか」という思いがあったものかもしれない。

ふつうならば、こうした失敗をしたときには、別な部将が派遣されることになるが、信長は信長なりに情勢分析をして、光秀の敗走もやむをえないものとみたのであろう。このあと、光秀は、他人にとって代わられることなく、丹波攻めの大役を続けるのである。

2　丹波平定の戦い

天正五年亀山城の戦い

波多野秀治の離叛によって、あと一歩というところまで荻野直正を追いつめながら黒井城を落とすことができなかった光秀は、一旦坂本城に逃げもどり、態勢をたて直して再度丹波に攻め入っている。しかし、黒井城を攻め落とす手だてはなく、また条件も整っていないということもあり、しばらくは様子をみることになった。ちょうど、そのころ、信長が本格的に石山本願寺と戦うようになり、紀州雑賀《きしゅうさいか》攻め、さらには松永久秀の謀反討伐などがもちあがり、その都度、光秀もその戦いに参陣し、丹波だけに力を投入するわけにはいかないという事情も背景にあったのである。

信長の石山本願寺包囲網の要であった天王寺砦《てんのうじ》を守っていた松永久秀が信長から離叛したのは天正五年（一五七七）八月十七日のことであった。信長軍主力が能登《のと》に侵攻し、上杉謙信との戦いをくりひろげているその留守をねらって、大和信貴山《やまとしぎさん》城に籠ったのである。

信長による能登攻めは不首尾に終わり、信長軍主力がもどってきたところで、あらためて松永久秀討伐となった。戦いの口火を切ったのは光秀だった。十月一日、久秀の家臣森秀光の守る片岡城を光秀と細川藤孝の軍勢が攻めている。

結局、十月十日、久秀が、信長から所望されていた秘蔵の名器「平蜘蛛《ひらぐも》の茶釜」とともに信貴山城で自爆して果て、松永久秀謀反の一件は落着した。

そのあと、光秀軍は兵を休める間もなく丹波に向かった。このときのターゲットとされたのは亀山《かめやま》城（京都府亀岡市荒塚町）である。この地域は、さきに述べたように、天正三年（一五七五）の越前一向一揆討伐後の論功行賞によって細川藤孝に与えられていたが、実際には、信長に抵抗する内藤定政が居すわっていた。光秀は細川藤孝・忠興父子と一緒に出陣し、亀山城を攻めはじめた。『細川家記』によると十月十六日のことである。

亀山城では、この戦いの直前、城主の内藤定政が病死し、幼い子があとをついだばかりで、実際の軍の指揮は家老の安村次郎右衛門がとっていた。光秀は、「できれば無血開城にもちこみたい」と考えていたので、安村次郎右衛門に勧降工作をはじめた。しかし、安村次郎右衛門がそれに乗ってこなかったので戦いとなり、『細川家記』によると、三日三晩のはげしい戦いになったという。

このとき、大手口を光秀が、搦手《からめて》口を細川忠興が担当し、猛攻に耐えかねた安村次郎右衛門はついに降服を申し出てきた。大手口の光秀はそれを承知し、ただちに城攻めをやめさせたが、搦手口の忠興は、「落城寸前の和平は認められない」と、そのまま攻撃を続行しようとした。それをみた光秀は、忠興にそうした行動を慎むよう諫止《かんし》しているのである。

たしかに、この時代、落城寸前の降服が認めてもらえず攻め落とされた例は多い。その点で、光秀のこのときの措置は寛容だったといえる。

光秀からこうした措置をとったという報告をうけた信長も光秀のやり方を了承し、内藤氏と亀山城の処分を光秀に一任しているのである。光秀は内藤氏とその家臣団をすべて赦《ゆる》し、それを自らの家臣団の列に加えている。こうしたこともあって、並河《なみかわ》掃部《かもん》・四王天《しおうてん》但馬守・荻野彦兵衛といった丹波衆が光秀の傘下に入ったのである。

こうして、亀山城が光秀の手に入り、以後、この亀山城が光秀の丹波経略の拠点になる。光秀は早速、亀山城を新しく作りかえる普請をはじめたらしく、早くも翌天正六年正月には具体的な動きがあったことが古文書から確認される。その古文書というのは、年の記載のない正月晦日付の光秀書状（「大東急記念文庫所蔵文書」）である。この文書、立花京子氏の光秀花押の経年変化の研究によって天正六年のものと推定される。

光秀は、笑路城・犬甘野《いぬかんの》城主長又五（中沢又五郎）・小左（小畠左馬進）・森安（不詳）の三人に宛てて、二月五日から十日までの亀山惣堀《そうぼり》普請の番替について十二日まで延引することとし、この旨を亀山において作業にあたっていた当番衆にも伝えたことを報じている。

つまり、このときの亀山城の普請は、惣堀の普請だったことがわかる。惣堀は惣構、すなわち惣曲輪のことで、それまでの小規模な亀山城を大規模な城に作りかえたものであった。

なお、『兼見卿記』によると、亀山城を開城させたあと、光秀は多紀《たき》郡の籾井《もみい》城を攻め、また、『細川家記』には、同郡の笹山城も攻めたとしているので、天正五年段階で、多紀郡のかなりの部分を征圧したことがわかる。

天正六年の八上城の戦い

ただ、多紀郡の要の城ともいうべき八上城（兵庫県篠山市）には、丹波における反信長勢力の中心人物の一人波多野秀治がいた。前に述べたように、波多野秀治は、一度は信長に帰順したものの再び敵対したもので、光秀としても、一日も早く八上城を落とす必要があったのである。

八上城攻めは天正六年三月からはじまった。このときには、信長自らが出馬する予定だったということからも明らかなように、「できればこの期に一気に平定してしまいたい」という意気ごみで臨んだことがわかる。

ところが、諸般の事情で信長自身の出馬はとりやめとなり、代わりに、滝川一益・丹羽長秀・細川藤孝が光秀を助けて出陣することになった。

光秀は三月三日、坂本城を出陣し、丹波に入り、八上城を囲んだ。しかし、八上城は天嶮《てんけん》の要害の山城で、織田軍は簡単に落とすことができなかったのである。この時期、八上城だけにターゲットをしぼることができていれば、別な展開になったのかもしれないが、大坂の石山本願寺と敵対している信長としては、大軍をいつまでも八上城一つのために割くことはできなかった。

結局、光秀は、応援に来ていた一益・長秀・藤孝らと相談をし、光秀の家臣明智治右衛門らを残し、主力は摂津《せっつ》へ転戦していくことになった。そのとき、八上城の城兵が打って出てきても大丈夫なように、また、城内への兵糧が運びこまれないように、塀を二重に作っている。

摂津での戦いが、四月五日・六日と二日間の戦いで状況が好転したので、光秀をはじめ、応援の諸将たちはまた丹波攻めに集中することになった。

このときは、いきなり八上城を攻めるのではなく、まわりの城から落としている。具体的には船井郡の園部《そのべ》城（京都府南丹《なんたん》市園部町）である。園部城は荒木氏綱《うじつな》が城主として守っていたが、光秀らの大軍は四月十日から攻めかかり、ついに、城の水の手を切ることに成功し、四月二十六日、城主氏綱が降参し、開城された。

光秀および、応援の一益・長秀らは、その勢いで八上城への総攻撃ということを考えていたと思われるが、この時期、織田軍団の周辺はかなり複雑な状況に置かれていた。前回は、信長から摂津への転戦を命じられ、今回は、播磨《はりま》への転戦を命じられているのである。

たしかに、そのころの播磨の戦局は相当きびしいものだった。前年、天正五年十月に、羽柴秀吉が播磨に出陣し、早くも十二月には、播磨と備前・美作《みまさか》の国境近くに位置する上月城《こうづき》（兵庫県佐用《さよう》郡佐用町上月）を落とすことに成功した。

ところが、せっかく取った城を宇喜多直家《なおいえ》に攻められて取られてしまったのである。対毛利輝元との戦いで重要な拠点になる場所だったので、秀吉は翌六年三月、再び大軍を率いて上月城を攻め、奪回に成功している。このとき信長は、尼子勝《あまごかつ》久《ひさ》・山中鹿介《しかのすけ》幸盛《ゆきもり》主従のもっている打倒毛利の執念、尼子家再興の悲願を対毛利戦略に使うことを考え、尼子勝久を上月城に入れたのである。

しかし、結果的には、これが裏目に出てしまった。毛利側を刺激することになってしまったのである。尼子勝久が上月城に入ったことを知った毛利輝元は、ただちに吉川元春・小早川隆景に命じ、三万の大軍をつけて尼子討伐に向かわせた。これが四月である。

この時点で、秀吉の最大動員兵力は一万にしかすぎず、秀吉からの連絡を受けた信長は、光秀・一益・長秀らに、丹波攻めをまた中止して、播磨への応援に向かうことを命じたのである。こうして光秀は、四月二十九日に播磨に向けて出陣し、六月末、神吉《かんき》城を落とすまで、播磨で転戦することになる。

ようやく坂本城にもどり、「今度こそ腰を落ちつけて八上城の攻略を」と考えていた矢先、今度は、荒木村重《むらしげ》が謀反をおこしたのである。光秀の娘は、摂津有岡《ありおか》城主荒木村重の子村次《むらつぐ》に嫁いでいたので、信長からの命をうけるまでもなく、謀反を翻意するよう村重・村次父子に説得したりしており、丹波経略などに専念できる状態ではなかった。

八上城を包囲したままの状態で年を越し、天正七年（一五七九）に突入した。『兼見卿記』によると、正月十七日、吉田兼見が坂本城に光秀を訪ねているので、それ以前には一旦坂本城にもどっていたのであろう。

そして二月二十八日に亀山城に入り、三月十六日には多紀郡にまで兵を進めている。ここから八上城攻めが本格化し、光秀は包囲網を縮めて城攻めを続行させる一方、降服するよう勧告も行い、二面作戦を取っている。結局、最終的には調略が功を奏し、城主波多野秀治・秀尚兄弟は光秀に降服してきた。六月二日のことである。

このとき、光秀が、自分の母を人質として八上城に入れ、それを信用して波多野兄弟が城を出たということがいわれているが、それは事実ではない。もっとも、あとでくわしくふれる予定の、本能寺の変の真相にかかわっていえば、この、光秀の母が八上城の人質となったという一件は結構人口に膾炙《かいしゃ》していることがらである。

というのは、安土に護送された波多野兄弟がそこで磔《はりつけ》にされたので、それを聞いて怒った城兵が光秀の母を磔にして殺してしまい、光秀がそのときの信長の処置を怨みにもったという怨恨《えんこん》説の一つの理由とされているからである。波多野兄弟が光秀の勧降工作によって降服して城を出、安土に護送されて殺されたのは事実であるが、光秀が波多野兄弟出城の交換に母を人質に入れたということも、その母が磔にされて殺されたということも事実ではない。

天正七年の第二次黒井城の戦い

六月二日の八上城の開城によって、光秀の丹波平定の戦いも、ようやく最後の山場を迎えることになった。

八上城が開城する少し前、五月はじめから十五日にかけて、光秀は同じ波多野氏の一族である波多野宗長《むねなが》・宗貞《むねさだ》父子の守る氷上山城（兵庫県丹波市氷上町氷上）を攻め落としており、八上城開城後、七月には宇津城（京都市右京区京北下宇津町）を落としたので、光秀の軍勢はいよいよ黒井城の荻野氏を攻める段になった。

黒井城の荻野氏は、すでに述べたように、光秀が信長の命をうけてはじめて丹波に攻め入った天正三年（一五七五）九月、攻めても落とすことのできなかった荻野直正である。赤井直正ともいった。このときの戦いを第一次黒井城の戦いと表現したのは、これから述べる天正七年八月の戦いを第二次黒井城の戦いとよびたかったた

黒井城址

からである。

ところが、その荻野直正は、『寛政《かんせい》重修諸家譜《ちょうしゅうしょかふ》』の赤井直正譜によると、天正六年三月九日に死んだとみえるので、第二次黒井城の戦いのとき城を守っていたのは、その子直義《なおよし》であった。

光秀は、いきなり黒井城を攻めるのではなく、荻野氏の第二の拠点ともいうべき鬼ヶ城《おにがじょう》（京都府福知山市大江町）を攻めた。そこを守っていたのは、直正の兄家清の子忠家であった。鬼ヶ城は落ち、忠家は黒井城に入り、そこで光秀に対する最後の抗戦を試みている。

結局、八月九日、光秀軍は黒井城を落とすことに成功し、その要害堅固ぶりに注目した光秀は、重臣の一人斎藤利三をこの城に入れ守らせているのである。

このあと、光秀は八月二十四日付の文書(「富永文書」『織田信長文書の研究』下巻)で、戦乱状態によって離散した百姓たちの還住《げんじゅう》をはかっている。天正三年九月にはじまった光秀による丹波平定は、この黒井城の落城によって終止符が打たれたのであった。第一次黒井城の戦いのときには、波多野秀治の突然の寝返りによって坂本城に逃げ帰った苦い思い出のある光秀にしてみれば、その黒井城を落として丹波平定を成しとげたというわけで、よけい感慨深いものがあったのではなかろうか。

3 「近畿管領」としての光秀

信長から称揚される

光秀が黒井城を陥落させた翌年、つまり天正八年(一五八〇)の正月十七日、秀吉によって包囲されていた播磨の三木城が陥落し、閏三月五日には、実に足かけ十一年もの長きにわたって信長に抵抗を続けてきた石山本願寺の顕如が、講和に応ずるという形で屈服してきた。

これら一連の戦いにおける光秀・秀吉の二人の働きは、信長にとっても満足のいくものであった。その二人にくらべ、いかにも腑甲斐《ふがい》なくみえたのが、本願寺攻めを中心にになっていた佐久間信盛・信栄《のぶひで》父子の働きぶりであった。

八月十二日、信長は京から宇治の橋をみて舟で大坂に向かい、佐久間信盛・信栄父子宛の十九ヶ条の折檻《せっかん》状をしたためている。『信長公記』に所収されているこの折檻状のなかで信長は、本願寺攻囲の責任者だった佐久間信盛が五年間、何らなすところがなかったことを最大の理由としてあげ、高野山へ追放しているのである。

注目されるのは、この折檻状のなかで、信長が、信盛・信栄父子の怠慢をなじりながら、それと比較対照する意味で、第三条目に、つぎのようにいっている点である。

一、丹波国日向守働き、天下の面目をほどこし候。次に羽柴藤吉郎、数ケ国比類なし。然《しかし》て池田勝三郎《しょうざぶろう》小身といひ、程なく花熊《はなくま》申付け、是又天下の覚を取る。爰《ここ》を以て我が心を発し、一廉《ひとかど》の働きこれあるべき事。

このあと、第四条目に柴田修理亮《しゅりのすけ》、すなわち柴田勝家の働きのことが出てくる。この書き方からすると、信長家臣団のなかで、日向守、すなわち明智光秀と羽柴秀吉と池田恒興《つねおき》の三人を働き頭として信長が認識していたことがわかる。しかも、そのトップに光秀の名前があげられているのである。

たしかに、光秀による丹波平定が成ったばかりという時間的なことが信長のこうした評価にインパクトを与えたことは考えられる。しかし、そうであるならば、その年の正月に三木城の別所長治《べっしょながはる》を自刃に追いこんだ秀吉の働きの方が印象は新しかったはずである。

にもかかわらず、秀吉より光秀の方をさきに称揚し、「次に羽柴藤吉郎、数ケ国比類なし」と記しているわけで、「次に」とある秀吉より、光秀の働きの方が数段高い評価を与えられていたような印象をもつ。秀吉の場合は播磨・備前・但馬など数カ国を手中にしているのに対し、光秀の場合は丹波一国にすぎない。しかし、数カ国よりも一カ国の方の働きを高く評価していたことは明らかで、それほど、丹波国の平定がむずかしかったことを信長も認めていたことになろう。

丹波一国を与えられる光秀

信長から、「丹波国日向守働き、天下の面目をほどこし候」と称揚された光秀は、それと同じ天正八年八月、信長から丹波一国を恩賞として与えられている。丹波は近世石高で二十九万石となり、それまでが近江国志賀郡五万石なので、約六倍もの加増である。

しかも、ふつうは、志賀郡五万石は別の部将に与えられ、新たに丹波一国二十九万石を与えられるということになるが、このときは、丹波一国二十九万石が純増となった。

前にふれたように、丹波国の船井郡・桑田郡の二郡は空手形ではあったが細川藤孝に与えられていたため、細川藤孝には、代わりに丹後国一国が与えられている。「丹後は丹波より北なのに、すでに平定されていたのか」と疑問に思われるかもしれないが、実際、信長のお膝元で最後まで抵抗を続けていたのが、丹波国と摂津国周辺の石山本願寺だけだったのである。

光秀は、近江志賀郡と丹波一国というわけで、地続きではなかったので、坂本城もそのまま使い、新たに得た丹波の支配の拠点としては亀山城を使った。つまり、光秀は、坂本城と亀山城の二つを居城としたのである。しかし、何もこれは特殊な例ではなく、秀吉も近江の長浜城と、新たに得た播磨の姫路城を居城としてもっていた例もあるので、特に光秀だけが優遇されたわけではなかった。

それまでの丹波における国人・土豪の抵抗が根強かったために、丹波を与えられたといっても、支配が光秀の思うようにスムースに行くとは限らなかった。光秀の行政手腕が問われることになるわけで、光秀としてもこの時期、かなり神経を使ったのではないかと思われる。

亀山城を本城とし、領内のいくつかの支城に重臣を入れ、支城領支配を行わせることにし、たとえば、さきにふれたように、黒井城に斎藤利三を入れ、福地山城（福知山城、福知山市内記）に明智秀満《ひでみつ》、八上城に明智光忠《みつただ》を入れている。

光秀は、ただ戦いが得意なだけの武将ではなかった。それは、信長が、かなり長期間にわたって京都奉行というむずかしい職掌を光秀にゆだねていたことからも明らかである。

最近、そうした光秀の行政官としての手腕をうかがわせる文書が発見された（下村信博「織田政権の徳政と知行制」有光友学編『戦国期権力と地域社会』）。

これは、名古屋市の旧家所蔵の「貼雑屏風」に貼りつけられていたもので、光秀が、天正三年十二月二日付で、「在々所々百姓中」に、年貢米未進などを破棄する徳《とく》政《せい》令《れい》を出したときの文書である。織田領となった地域に徳政令を出し、民心の安定をはかりつつ、さらに支配領域を拡大していった様子がうかがわれる。

なお、江戸時代に入ってから書かれたもので、信憑性の点では問題がないわけではないが、福知山市の威光寺に所蔵されている「寺社改ニ付一札」の中にある「里老茶話」によると、光秀は、検地を行い、千石を一村とし一人の名主を置き、万石に一人の代官を置くようにしたとし、また、年貢以外の雑税を賦課しないとしたという。

由良川と福知山城下

税を年貢だけに一元化したことは他の史料にはみえないのでくわしいことはわからない。ただ、この時期、光秀が細川藤孝に協力して丹後で検地を行っていることは『兼見卿記』や『細川家記』にみえるので、丹波においても検地が行われたことは確かである。

なお、これは、確かな史料ではなく、伝承にすぎないので、信憑性の点では大いに問題があるわけであるが、福知山市にいまでも語り伝えられているのが、光秀による由良川《ゆらがわ》の改修である。

たとえば、福知山市観光協会発行の福知山城のパンフレットには、「地元の記録によると、光秀が横山城を福知山城と改め改築し、近隣寺院の石塔を集め石垣とし、由良川の流路をかえ城下町を守る堤防を築いたとなっています。又、光秀は福知山町に地子銭《じしせん》免除の特権を与え、三丹一と称された商都の基礎をつくったとして彼の功績を讃《たた》え、非業の最期を慰めるため御霊《ごりよう》神社が建てられ、元文二年（一七三七）から御霊会（現在の御霊まつり）が行なわれ始めました」と記されている。

伝承だけでは何ともいえないが、当時の武将が同時に治水家であったことを考えると、光秀による由良川の改修、堤防築造もありえた話ではないかと私は考えている。

「近畿管領」

こうして光秀は丹波平定の軍功によって、丹波一国二十九万石、近江志賀郡五万石、あわせて三十四万石の大名となった。しかも、光秀の居城近江坂本城、丹波亀山城は、信長の居城である安土城よりも、どちらも、政治の中心地京都に近かった。光秀は、信長家臣団の誰よりも京都に一番近いところに城を与えられていたのである。

そのことは、ある意味では、そのころ置かれていた光秀の特殊な立場を如実に物語っているといってもよい。

さきにもふれたように、光秀は天正三年から丹波攻めの責任者となりながら、信長の意向によって、あっちこっち、転戦を余儀なくされていた。あたかもそれは、織田軍の中の遊撃軍といった扱いである。

天正五年ごろから、織田軍団の中で、部将ごとに持ち場がはっきりしてきた。柴田勝家が北陸で上杉謙信・景勝を相手とし、羽柴秀吉が中国で毛利輝元を相手とし、家臣ではないが目下の同盟者徳川家康が武田勝頼を相手とし、佐久間信盛が石山本願寺を相手としていた。

それらに対し、丹波攻めを仰せつかっているとはいえ、光秀は、勝家・秀吉らにくらべ小まわりがきく立場にあったことはまちがいない。遊撃軍としての要素がみられ、これに滝川一益・丹羽長秀が加わったのである。

そうした光秀の立場を、作家の津本陽氏は「織田軍団の近畿軍管区司令長官兼近衛師団長であり、ＣＩＡ長官を兼務していた」（「『行政官僚』光秀の不安と決断」『歴史街道』一九九二年十二月号）と表現したことがある。まさに至言である。

織田軍団は、重臣たちを軍管区の長とするいくつかの軍管区によって構成されていた。前にふれたように、北陸軍管区の司令長官が柴田勝家であり、中国軍管区の司令長官が羽柴秀吉で、このあと、天正十年（一五八二）三月の武田氏滅亡後、上野廐橋城に入った滝川一益が関東軍管区司令長官の位置づけである。

そして、このいい方でいけば、近畿軍管区司令長官は明智光秀であった。しかも光秀は、津本氏の指摘のように、単に近畿軍管区司令長官というだけでなく、信長親衛隊、すなわち近衛師団の長であり、同時にCIA長官的な仕事をこなしていたのである。

信長の場合、急成長の途上ということもあり、また、途中で信長自身が殺されたことによって挫折したこともあって、織田政権の組織はほとんど組み立てられていなかった。そのため、こうした光秀のような立場を、当時、どのような役職名でよんだのか、その徴証がないのである。

これを「近畿管領」と表現したのは高柳光寿氏である。高柳氏はその著『明智光秀』の中で、「光秀は師団長格になり、近畿軍の司令官、近畿の管領になったのである。近畿管領などという言葉はないが、上野廐橋へ入った滝川一益を関東管領というのを認めれば、この光秀を近畿管領といっても少しも差支えないであろう」と述べている。桑田忠親氏も、「近畿管領とも称すべき地位に就くことになった」としている。

確かに、高柳氏が指摘されるように、室町・戦国期にかぎらず、日本史上の職制で近畿管領というものは存在しない。それに近いものとしては、室町幕府の職制に関東管領というものがあったくらいである。

ただ、光秀の立場を、近畿軍管区司令長官兼近衛師団長兼CIA長官と表現するわけにもいかない。ここでは、それらをトータルとして表現するものとして「近畿管領」という名辞を使うことにしたい。ただし、歴史上、正式に近畿管領という職制があったと誤解されるおそれがあるので、本書では「近畿管領」というように、カッコ付きで使っておきたい。

光秀の「近畿管領」としての立場は、天正八年八月からである。なぜこの時期を画期としたかといえば、一つは、信長から丹波平定の恩賞として、丹波一国二十九万石を与えられ、それまでの志賀郡五万石から、一気に大きな大名になった点である。そしてもう一つは、ちょうどこの時期、佐久間信盛・信栄父子が追放され、佐久間父子の下に与力としてつけられていた部将たちが、ほとんど光秀の与力となっているからである。

たとえば、摂津の池田恒興、中川清秀《きよひで》、高山重友《しげとも》らはこのあと光秀の与力となっており、大和の筒井順慶《じゅんけい》もそうである。また、丹後を与えられた細川藤孝、一色義有らも光秀の与力とされ、畿内周辺諸国の部将たちのかなりの部分が光秀の与力、すなわち組下大名となった点は注目しておいてよい。

ちなみに、光秀の娘の玉《たま》（ガラシャ）が細川藤孝の長男忠興に嫁いだのは天正六年八月のことであり、これは、信長お声がかりの輿入れであった。

「近畿管領」としての仕事は実に多岐にわたっていた。京都所司代の村井貞勝ととともに、京都支配―村井貞勝の職掌の検討を通して―」『白山史学』三十三号）、すでに述べたように、丹後での検地を行ったり、天正八年九月から十二月にかけては、滝川一益とともに、信長の命令をうけて、大和の諸寺社から、寺社領の指出《さしだし》を徴収する仕事もやっている。

また、天正七年（一五七九）に行われた、誠仁《さねひと》親王のための二条御所の造営にあたっては、光秀はその奉行をつとめているのである。

そして注目されるのは、こうした「近畿管領」としての立場が、京都の公家たちとの交流を深める契機となっていったという点である。このことは、本能寺の変へ至る伏線として重要な意味あいをもっていたのではないかと考えている。

第五章

本能寺の変直前の光秀

1　天正九年の馬揃え

馬揃えまでのプロセス

天正八年（一五八〇）に、信長が十一年間にもわたって手こずった石山本願寺が講和という形で屈服したことにより、信長周辺は珍しく〝平和ムード〟がただよっていた。おそらく信長も息ぬきをしたいと考えたのだろう。翌天正九年正月元旦、信長は、馬廻《うままわり》衆を安土城に登城させ、安土城と摠見寺《そうけんじ》とを見物させ、自らもそれに加わって楽しむ一種の園遊会を企画していた。

ところが、天正九年元旦はあいにくの雨で、その園遊会は中止されてしまった。そこで、園遊会に代わるものとして計画されたのが左義長《さぎちょう》である。

左義長は、小正月に行われる火祭り行事で、字は、三毬打・三毬杖・三鞠打などいろいろに書かれるが、現在でも、ドンド焼きとか、御幣焼《おんべやき》などという形で、小正月の火祭り行事として残っている。

信長は、この左義長を天正九年正月十五日、安土城の馬場で盛大に行ったのである。『信長公記』によると、その日の信長のいでたちは、「黒き南蛮笠をめし、御眉をめされ、赤き色の御ほうこうをめされ、唐錦の御そばつぎ、虎皮の御行縢《むかばき》、芦毛の御馬、すぐれたる早馬、飛鳥のごとくなり」というもので、一族や家臣たちにも目立つ服装をさせ、主だった家臣たちは馬に乗っていた。

『信長公記』は、そのあたりの情景をつぎのように描写している。

……此外歴々美々敷御出立、思ひ〳〵の頭巾・装束結構にて、早馬十騎・廿騎宛乗らさせられ、後には爆竹に火を付け、噇《どっ》とはやし申し、御馬共懸けさせられ、其後町へ乗出し、去て御馬納《い》れらる。見物群集をなし、御結構の次第、貴賤耳目を驚かし申すなり。

正月廿三日、維（惟）任日向守に仰付けられ、京都にて御馬揃なさるべきの間、各及ぶ程に結構を尽し罷出づべきの旨、御朱印を以て御分国に御触れこれあり。

ここで、正月十五日の左義長の記事に続けて、信長が光秀に京都での馬揃えの準備を命じたことを引用したのは、安土での左義長と、このあと行われることになる京都での馬揃えが連動したものであったと考えるからである。

本来の左義長というのは、陰陽師《おんみょうじ》が主催するものであった。それを信長は遊びに変えて、小さな竹筒に火薬を入れ、それをたばねていくつもの爆竹を作り、信長馬廻りの家臣たちが馬に乗って爆竹を鳴らしながら走り廻った。これが正月十五日、安土で行われた左義長である。

おそらく信長は、それまで、戦いに出ていく以外、平和なときに自分や家臣たちの乗馬姿を一般の人びとにみせるということがなかったのだろう。乗馬姿のまま安土の町にくりだしたとき、『信長公記』にも「見物群集をなし、御結構の次第、貴賤耳目を驚かし申すなり」とあったように、城下の民衆たちが大よろこびで見物したことに気をよくしたものと思われる。

つまり、左義長のときの乗馬行進、それが京都での馬揃えにつながっていったのである。しかし、どうして京都なのか、しかも、なぜ正親町天皇を出席させての馬揃えなのかは、若干の飛躍があるように思えてならない。

実は、その飛躍の謎を解く鍵が『信長公記』にあった。正月十五日の安土での左義長に、公家の近衛《このえ》前久《さきひさ》が参加しているのである。もしかしたら、左義長が終わったあとで、信長から感想を求められた前久が、「おもしろいものですネ。京都でもやって皆にみせたいですネ」くらいのことはいった可能性がある。さらにおべっかをつかって、「正親町天皇にもおみせしたいですネ」とでもいったのではなかろうか。

馬揃えの総括責任者となる光秀

正月十五日の安土での左義長が終わって少したった二十三日、さきに『信長公記』を引用したところでみたように、京都で馬揃えを行うことを決め、その準備を明智光秀に命じており、そのときの文書も、写しではあるが残っている（「士林証文所収文書」『織田信長文書の研究』）。

光秀宛天正九年正月二十三日付の信長朱印状写で、かなり長文の文書なので、要点をかいつまんでおきたい。

まず、注目されるのは、冒頭の書き出しが、「先度《せんど》者《は》、爆竹諸道具こしらへ、殊きらひやかに相《あい》調《ととのえ》、思ひよらすの音信、細々の心懸神妙候」とある点である。正月十五日の安土での左義長の準備も光秀が行っていたことがわかる。信長は、安土での成功の立て役者である光秀を、そのまま京都で挙行する予定の馬揃えの準備担当者として指名したわけである。

光秀宛信長朱印状写でつぎに注目されるのは、京都で行われる馬揃えの目的を、信長自身、「京にてハ、切々馬を乗り遊ぶべく候、自然わかやき、思々の仕立有るべく候間……」といっている点である。馬を乗り遊ぶその姿、若やいだ姿を京の公家や町衆たちにみせたいといっているのである。しかも、それは、ただ直接、馬揃えをみた人たちを対象にしたものではなく、その評判が全国に行きわたるであろうことをも計算したものだったことが、「六十余州へ相聞ゆべく候の条、馬数多くしたて……」という表現から読みとれる。

そしてもう一点は、京都の公家や信長家臣団に、光秀から「申触」ることが命じられていることである。つまり、京都で行われる予定の馬揃えは、光秀が単に準備担当者ではなく、総括責任者とされたことがこの文書写から判明する。

さて、京都で馬揃えが行われたのは、天正九年二月二十八日のことであった。内裏の東側に、この日の馬揃えのために急ごしらえの馬場が作られた。幅が東西一町（一〇九メートル）、長さが南北八町（八七二メートル）で、馬場のまわりには柳が植えられ、正親町天皇をはじめ、公家・女官たちの見物用の桟敷《さじき》も立派なものが作られていた。

「馬場入りの次第」、すなわち、行進の順番は、『信長公記』によると、つぎの通りであった。

一番　丹羽長秀隊と摂津衆・若狭衆
二番　蜂屋頼隆隊と河内衆・和泉衆
三番　明智光秀隊と大和衆・上山城衆
四番　村井貞勝隊と根来《ねごろ》衆・上山城衆
五番　織田信忠ら「御連枝《ごれんし》の御衆」
六番　近衛前久ら公家衆

七番　細川昭元ら旧室町幕府衆
八番　御馬廻衆・御小姓衆
九番　柴田勝家隊と越前衆
十番　織田信長隊

中国攻めを行っている最中の羽柴秀吉隊を除く、織田軍団のほとんどがこの馬揃えに顔を揃えている。その意味では、まさに織田軍団の威容を示す軍事パレードであった。総人数については記載がないのでわからないが、少なくとも六万は下らなかったであろう。

　また、見物人の方も、正親町天皇をはじめ公家衆、さらに京の町衆たちもつめかけ、その数二〇万ともいわれている。

　そうしたたくさんの群衆が見守る中、信長は「きんしゃ」を身につけて馬に乗って登場した。『信長公記』には、「此きんしゃと申すは、昔、唐土《もろこし》か天竺にて、天守《(チカ)》・帝王の御用に織りたる物と相見えて、四方に織止ありて、真中に人形を結構に織付けたり」とわざわざ説明がされている。

「きんしゃ」は、錦紗か金紗であろうが、中国の皇帝が身につけるほどのものを、信長が正親町天皇の前で着てみせたということの意味は大きいものがあったと思われる。

二十八日、光秀が総括奉行をつとめた一世一代の大軍事パレードは好評のうちに終わり、晩に、信長は宿所本能寺にもどった。

翌二十九日、内裏からは上臈《じょうろう》長橋局《ながはしのつぼね》が、二条御所の誠仁親王からは、お阿茶々と御乳人《おちのひと》が本能寺の信長のもとを訪れ、前日の礼をいうとともに、「昨日の馬揃え見事」との勅諚《ちょくじょう》が伝えられる。信長も大満足であった。

そして、『信長公記』には、「三月五日、禁中より御所望に付いて、又御馬めさせられ、此時は御馬揃の中の名馬五百余騎を寄せさせられ……」とみえるように、三月五日にもう一度、同じ場所で馬揃えがあったことがわかる。

しかし、「禁中より御所望に付いて」とあるのは、その字義通りに受けとってよいものだろうか。そもそも、第一回目の二月二十八日の馬揃えにしたところで、本当に、正親町天皇方の希望だったのかどうか、問題が横たわっているように思われる。そこで、あらためて、この時期、信長が京都で二度にわたって馬揃えを挙行した理由について検討を加えてみたい。

信長のねらいは何だったのか

安土での左義長の評判を聞いて、天皇が、「まろもみたい」といいだしたというのなら簡単である。事実、そのような理解をする研究者もいる。

たとえば、秋田裕毅氏は、「織田信長」（『歴史群像シリーズ　戦国京都』）の中で、政治的な意図はないとし、前述の『信長公記』に「切々馬を乗り遊ぶべく候……」とあるのに注目して、左義長と同じ一種の遊びであったと位置づけている。「明日からの戦いに備えてリフレッシュしよう」というわけである。

また、山室恭子氏は、その著『黄金太閤』の中で、つぎのように述べている。

宮中の女官の日記には、「都でさぎちょうをやるなら、まろも見たいよう」と信長に使者を送って無心する天皇の姿が見られる（『御湯殿上日記』）。この要請を「こちらからお誘いしようと思っていたところでございました、どうぞお出まし下さいませ」と受けて、この閲兵式実現の運びになったのだから、天皇を恐怖させるための催しだったとは、到底考えられない。

確かに、『御湯殿上日記』に書かれていることがらを、字義通りにうけとれば、そのような解釈になる。しかし、本当にそうなのだろうか。

正親町天皇が、二月二十八日の馬揃えを「見事だ」といってほめ、アンコールをしたことは、『左京亮宗継入道隆佐記』にもみえるので事実だったろう。しかし、それが天皇の本心だったのかという点になると微妙である。信長との関係を考え、一種の外交辞令としていった可能性はないのだろうか。

私がこのように考えたのは、三月五日の二度目の馬揃えに正親町天皇の姿がないからである。本当にみたかったのなら、何をさしおいても出かけたのではなかろうか。

となると、馬揃えは、天皇・朝廷側の希望ではなく、信長側の何らかの政治的意図が込められたイベントとしてみる必要があるものと思われる。

そして、実際、この時期、信長と正親町天皇は、譲位問題をめぐって対立している状況があったのである。

六万余という、中国攻めにあたっている羽柴秀吉軍団を除いて、織田軍団を皇居のすぐ脇に集めたのは、信長軍団の威容を天皇にみせつける示威行動だったのではないだろうか。信長は、その軍事的圧力によって、正親町天皇の譲位をかちとろうとした。

ところが、二月二十八日の馬揃えが終わっても、天皇からはよい返事がなかった。代わりに三月一日、天皇側から信長を左大臣にしようといってきている。

おそらく、三月五日の二度目の馬揃えは、天皇側からのアンコールに応えたものではなく、「もう一度圧力をかけてやれ」という信長側の発想によって挙行されたものであろう。このあたりの両者のかけひきは、今谷明氏の『信長と天皇』にくわしい。今谷氏も、このときの馬揃えを、正親町天皇に譲位を迫るための一大イベントととらえている。

三月五日に行われた二度目の馬揃えにもかかわらず、天皇は自ら譲位するとはいい出さない。そこで信長は、「天皇の譲位と引きかえに左大臣に就く」という交換条件を出し、天皇側の出方を待った。

信長は、二度目の馬揃えのあと京都をあとにして安土城にもどっていたが、天皇の勅使が信長のもとに譲位拒否を伝えてきたのは三月二十四日のことであった。ちなみに、朝廷側の譲位延期理由というのがふるっている。「金神《こんじん》だから」というのである。

金神は、陰陽道でいう方位の禁忌《きんき》のことをさす。「金神七殺」といわれるように、このタブーを犯すと、家族七人が殺されるというものである。おそらく、朝廷側のいい分は、「正親町天皇が誠仁親王に譲位すれば、誠仁親王は二条御所に住んでいるので、そこから内裏へ移るのは金神で方角が悪い」というものだったのであろう。

こうした方角の禁忌をもち出されては、信長としてもそれ以上無理押しすることもできず、譲位の一件は、そのままうやむやになってしまった。当然、左大臣推任のことも沙汰やみとなり、信長自身、それから京都へは足を運んでいない。つぎに上洛したときは天正十年（一五八二）五月二十九日で、本能寺の変の直前のことであった。

なお、私が、天正九年二月二十八日と三月五日の京都での馬揃えを信長による正親町天皇への政治的圧力だと考えた理由がもう一つある。

これは、吉田兼見の日記『兼見卿記』からわかったことであるが、信長は、馬揃えのための馬場を新しく皇居の東側に作るにあたって、禁裏東南隅の鎮守が邪魔になるので、京都所司代村井貞勝がその撤去に動いていることである。

天皇が、「馬揃えをまろもみたい」といって実現したものならば、禁裏の鎮守社を壊すということまではやらなかったのではなかろうか。

光秀は、当然、信長と正親町天皇との確執を知っており、しかも、馬揃えの総括奉行をつとめたわけで、「晴れがましい役職を与えられた」と、織田軍団の中で、信長の地位につぐ、ナンバー・ツーのポストについたことをよろこぶ気持ちと、信長の天皇に対する態度に先行きの不安を感ずる、複雑な心境だったものと推察される。

なお、ナンバー・ツーのポストについたという光秀の自覚と関係するが、光秀の野心がこのとき芽生えたとする指摘もある。たとえば、作家の永井路子さんは、

こうした華々しい馬揃えの総指揮を任されたのが光秀であった。軍団最高の栄誉を光秀が担ったのは、それまでの論功行賞的意味合いがあったのは当然だが、光秀としては、自分の号令一下で動く軍勢を前にして一種の陶酔感を覚え

たのではあるまいか。自分の作ったプログラム通りに馬場を行進する人馬の列を眺めながら、光秀は自分の実力に思いを馳せたかもしれない。

もし信長さえいなければ、これだけの人馬を動かせるのは自分をおいていない……。信長排斥の野心はこのとき芽生えたと思えてならない。

と述べている（「野望が光秀を弑逆に走らせた」『ビッグマンスペシャル歴史クローズアップ①織田信長』）。

本能寺の変の原因を、野望説の立場で説明しようとすれば、この永井説はきわめて説得力のある考え方である。しかし、私は、あとでくわしくふれるが、野望説はとらない。むしろ、馬揃えでの光秀の晴れ姿からは、ライバル争いでデッド・ヒートを演じてきた秀吉との競争で、「ついに俺が勝ったぞ」という思いを光秀が抱いたことの方が重要だったとみている。

2 天正十年の武田攻め

武田攻めと光秀の立場

天正元年（一五七三）の武田信玄の死、そして同三年（一五七五）の長篠・設楽原の戦いで武田勝頼軍に大勝したあと、信長にとっては、武田氏は脅威ではなくなっていた。しかし、信玄時代ほどの脅威はなくなったとはいうものの、依然として信長にとっては強力な敵対勢力だったことに変わりはなかった。

信長が直接勝頼と戦うことはなかったが、信長の同盟者徳川家康は、勝頼と領国を接していることもあり、緊張状態は続いていたのである。

均衡が破れたのは、天正九年（一五八一）三月二十二日の遠州高天神《たかてんじん》城の戦いだった。遠州は徳川領国ではあったが、武田氏の力が入りこんでおり、高天神城は、武田側の城将岡部真幸が守っており、数年前から家康が城のまわりに付城を築き、包囲網を縮め、ついに総攻撃をかけて落城に追いこんでいる。このとき、勝頼は、高天神城の城兵からの後詰《ごづめ》の要請があったにもかかわらず、兵を送ることができず、城兵全員が玉砕して戦いが終わっている。それだけ、武田方の力が弱体化したことを信長も知ることができたわけである。

もっとも、だからといって、すぐ信長としても武田攻めには動けなかった。なかなかきっかけがつかめないでいたからである。

ところが、翌天正十年（一五八二）正月二十五日、信玄の娘を妻とし、武田一族としての扱いをうけていた信濃の木曾《きそ》義昌《よしまさ》が、弟の上松蔵人《あげまつくろうど》を人質に出して、信長に通じてきたのである。きっかけをつかみかねていた信長側にとって、これは吉報だった。

木曾義昌の寝返りにびっくりした勝頼は、二月二日、義昌討伐のために、一万五〇〇〇の兵を率いて出陣した。勝頼の動きを知った木曾義昌から信長に対し援軍の要請があり、信長も、「武田攻めの好機到来」と考え、その要請に応え、出陣することを決めている。ちょうど、秀吉による中国攻めも軌道に乗ったところで、東の脅威をこの際取り除いてしまおうと意気込んでの出陣命令であった。

武田攻めの部署をみると、信長の嫡男信忠が伊那口から、家康は駿河口から、さらに北条氏政が関東口から、金森長近《かなもりながちか》が飛騨口から武田領に攻め入ることになっていた。

ここで注目されるのは北条氏政である。このころ、北条氏は信長に臣従していたわけではないし、同盟関係にあったわけではない。しかし、信長に鷹を送ったりして、好《よしみ》は通じていたので、いわば、共同行動に踏み切った感じがする。『信長公記』の同年二月三日のところに、「三位中将信忠、森勝蔵・団平八先陣として、尾州・濃州の御人数、木曾口・岩村口両手に至りて出勢なり」とあるので、この日、織田軍の先鋒として信忠率いる軍勢が出陣したことがわかる。

そのころの武田氏の居城は甲府の躑躅ヶ崎館ではなく、新府城《しんぷ》（山梨県韮崎市中田町）であった。しかし、二月二十九日に、やはり武田一族の穴山梅雪《ばいせつ》が家康に降り、また、三月二日には高遠城《たかとお》が落ち、勝頼の弟仁科盛信《にしなもりのぶ》が戦死したことを知ると、新府城で織田の大軍を迎え撃つことは不可能と判断し、老臣小山田信茂《のぶしげ》の勧めもあって、天嶮の要害として知られる岩殿山城《いわどのやま》（大月市賑岡町岩殿山）に籠城して最後の一戦をくりひろげようと考え、新府城に火をかけて焼いた上で、三月三日、岩殿山城めざして落ちていったのである。ちなみに、その日、信忠の軍勢は上諏訪まで進んでいる。

勝頼主従が岩殿山城めざして駒を進めていたちょうどそのころ、具体的には三月五日のことになるが、信長が、光秀・筒井順慶・細川藤孝らの兵に守られて安土を出陣し、甲州に向かった。もっとも、出陣の時期をみても明らかなように、この軍勢は主力軍でないことはもちろん、戦闘に加わることも計算されていないものであった。そのあたりのことは、信長が三月八日付で柴田勝家宛に出した判物写（「古今消息集」『織田信長文書の研究』）の中で、「吾々出馬は専（詮）無く候へども、連々関東見物の望みに候」と述べていることからも明らかであった。この軍勢に公家の近衛《このえ》前久《さきひさ》も同道しているのである。

つまり、光秀としてみれば、従軍はしているが、戦うことは全く期待されておらず、戦功をあげる可能性の全くない出陣であった。

甲州・信州は、光秀が「近畿管領」として管轄してきた近畿からはずれるので、光秀に信長親衛隊のような役割が与えられたことは、ある意味では当然だったといえよう。しかし、そうはいいながら、光秀の心中はおだやかではなかったものと思われる。

というのは、「近畿管領」としての光秀がその職務を遂行したとき、あるいは、丹波攻めのとき、光秀の下につけられるような形で共同行動をとることの多かった滝川一益が、先鋒軍の一員として出陣し、しかも、敵将武田勝頼の首を取るという大手柄をたてていたからである。

何もしないで信長の側にいる光秀と、勝頼を田野《たの》（甲州市大和町田野）というところに追いこみ、そこで自刃させた戦功とでは、あまりに開きがありすぎたといってよい。

そのときに、光秀がどのようなことを考えていたかはわからないが、前年、京都での馬揃えで、織田軍団全体を動かしたという晴れがましい経験をもっていただけに、光秀自身、何も戦功をあげることができないということは、一種、焦りの気持ちを生むことになった可能性は否定できない。

近衛前久への信長の暴言

本能寺の変の原因に関する諸説の中で、比較的有力視されているものの一つがいわゆる怨恨説である。私自身は怨恨説には否定的な考え方をしているが、怨恨説の立場に立つ人が、よく史料として引用するのが、つぎの『祖父物語』(『続群書類従』第二十一輯上)にみえるエピソードである。すなわち、

……信州諏訪郡何レノ寺ニカ御本陣置カル可シト。其席ニ而、明智申ケルハ、扨《さて》モ箇様成目出度事御座《おわし》マサズ。我等モ年来骨折タル故、諏訪郡ノ内皆御人数也。何レモ御覧セヨト申ケルハ、信長御気色替リ、汝ハ何方ニテ骨折武辺ヲ仕ケルヲ、我社《こそ》日頃粉骨ヲ尽シタル悪キ奴ナリトテ、懸造リノ欄干ニ明智カ頭ヲ押附テ扣《たた》キ給フ。其時明智諸人中ニテ耻《はじ》ヲカキタリ。無念千万ト存詰タル気色顕レタル由伝タリ。

と記されている。

『信長公記』によると、信長本人が「上の諏訪の法花寺」に居陣したのが三月十九日なので、そこでこうしたやりとりがあったものかもしれない。もっとも、『祖父物語』の信憑性から考えると、あるいは、荒唐無稽の作り話だったということも否定できない。しかし、信長の親衛隊にいて今回は何も戦功のなかった光秀が、それまでの働きをふりかえって、「我等モ年来骨折《ほねおり》タル故……」というようなことをいったとしても不思議ではない。特に、光秀としては、武田が討伐されたということは、相当な感慨をもってうけとめられたと考えられるのである。

とはいえ、このような恨みが、謀反の真相だったとは考えられない。この点については次章でもう少しくわしく掘り下げることにしたい。

このときの甲州攻めで、年来の宿敵だった武田氏を倒したということは、信長にとっても相当インパクトの強いできごとだったのではないだろうか。気分の昂揚《こうよう》というか、たかぶりがあったように思えて仕方がない。武田氏を滅ぼしたあたりから、信長の非道なふるまい、傍若無人な言動が目につくようになるのである。

そうした傍若無人の言動で、史料的に確認されることの一つが、近衛前久に暴言をはいていることである。このときの甲州攻めにあたっては、信長本隊に光秀・筒井順慶・細川藤孝が従軍したことはすでにみた通りであるが、さらに近衛前久も従軍していた。

公家の従軍というのも珍しいが、これは、信長本隊がすでに戦う部隊ではなく、さきに一部引用した柴田勝家宛の信長判物写にもみえるように、関東見物が主目的だった趣がある。だからこそ、近衛前久も同道することになったのだろう。

ちなみに近衛前久は、前年正月十五日の安土の左義長、二月二十八日の京都の馬揃えにも乗馬姿で現れており、信長と親密だったというだけでなく、馬にも乗ることができたので、信長も前久を同道させたものと思われる。

近衛前久は天正十年二月に太政大臣になっている。つまり、信長の甲州攻めに従軍したときには、現職の太政大臣であった。現職の太政大臣が従軍するなどというのは異例のことである。

ところで、信長は三月二十九日、論功行賞を行って、戦功一番ともいうべき滝川一益には、上野一国と、信濃国において、小県《ちいさがた》・佐久《さく》の二郡が与えられている。

いよいよ帰途につくことになった信長は、四月十一日、甲州の柏坂というところまできたところで、同道してきた近衛前久に対し、おどろくべき言葉をはいている。『甲陽軍鑑』によると、近衛前久が、「私も駿河の方をまわってよいでしょうか」と馬を下りて信長に尋ねたところ、信長は馬上のままで、「近衛、わごれなどは、木曾路を上らしませ」(原文のまま)といいはなっているのである。

位の上でははるかに上位である現職の太政大臣に向かって、「近衛」とよびすてにしているばかりか、馬に乗ったまま、「わごれなゝどは……」といっているわけで、何となく信長が正気の体ではなくなってきていることがわかる。

恵林寺焼き討ちも関係か

このときの信長による甲州攻めにおいて、光秀の気持ちを曇らせるできごとがもう一つあった。信忠の軍勢が武田氏の菩提寺である恵林寺《えりんじ》（甲州市塩山《えんざん》小屋敷）を攻め、寺中の僧一五〇人余りを山門に追いあげ、そこに火をかけて全員を焼き殺しているのである。

『信長公記』は、そのときのありさまを、

……寺中老若を残さず山門へ呼び上せ、廊門より山門へ籠草をつませ、火を付けられ候。初めは黒煙立つて見えわかず、次第〳〵に煙納まり焼き上、人の形見ゆる処に、快川長老はちともさはがず、座に直りたる儘働（動）かず。

と描写している。

この「快川長老」というのは快川紹喜《かいせんじょうき》という高僧であった。しかも、美濃の出身で、土岐氏一族の出だったのである。つまり、光秀とは同族の人間だった。

光秀は、元亀二年（一五七一）九月の比叡山延暦寺の焼き討ちにあたって、自ら積極的に動いたことはすでにみた通りである。しかし、実際に、自分の一族で、しかも、前年、正親町天皇から大通智勝《だいつうちしょう》国師という国師号まで受けた高僧が焼き殺される様子をみて、内心穏やかではなかったのではなかろうか。

さきにふれた近衛前久への暴言といい、この四月三日にくりひろげられた恵林寺の焼き討ちといい、光秀の目には、これらの信長の行為が暴走としてうつったのではないかと思われる。

そしてもう一つ、甲州攻めが一段落したことによって、信長の部将たちが、一時的にではあれ、気をゆるめることがあったのではないかと私は考えている。

光秀にかぎらず、この時期、信長の家臣たちに疲れがみえはじめている。信長にとっても甲州攻めによる武田氏の討伐は、年来の宿敵を倒したという点で、それまでの戦いが終わったときとはちがう感慨があったはずである。緊張の糸がゆるんだところに、危険な落とし穴があったのである。

3 安土城での徳川家康接待

「在荘」を命じられた光秀

四月十二日、甲斐から駿河に入った信長は、十三日、江尻《えじり》に到着し、翌十四日、駿府を経て田中に至り、十五日、藤枝、十六日、掛川・見付を経て天竜川を渡り、十七日、家康の本拠地である浜松城に泊まり、十八日には三河に入って吉田、十九日、尾張に入って清須、二十日には岐阜、そして二十一日に安土城にもどった。

安土城にもどった信長は、五月十四日、光秀に対し、「在荘」を命じている。「在荘」というのは、「軍務につかなくともよい」というわけで、広い意味の休暇といってよい。この時期、光秀が特に出陣しなければならない戦いがまわりになかったことから、光秀に休暇を与えたものであろう。『兼見卿記』の五月十四日の条に、「十四日、辛未、長兵早天安土へ下向、今度徳川、信長御礼の為、安土登城と云々。惟任日向守在荘申付と云々」とある。これは、別本の『兼見卿記』の書き方である。「長兵」は長岡兵部大輔の略で、細川藤孝のことである。

実は、『兼見卿記』には、天正十年については別本と正本の二種類がある。というのは、『兼見卿記』の筆者吉田兼見が特に光秀と親しく、六月十二日まで書きついだ日記の方には本当のことが書かれていたので、山崎《やまざき》の戦い後、信長の子信雄《のぶかつ》や信孝《のぶたか》、さらには羽柴秀吉の目にとまったとき、光秀との交流の深さがそのまま表面化してしまうので、急遽、正月からの分を書き直し、それに書きついで、そちらの方を正本としたからである。

ふつうならば、このような場合、都合の悪い別本の方は焼き捨てるなどの処置がなされるはずであるが、どういうわけか、『兼見卿記』の場合、破棄されたはずの別本の方も残っている。その結果、正本との比較対照もでき、兼見が、どのようなところが具合が悪いと感じたかが、かえって浮き彫りになってくるのである。

この、光秀「在荘」についてみると、正本の方には、「十四日、辛未、未明長兵安土へ下向。明日十五日徳川安土に至り罷り上らる也。其について各安土へ祗候《しこう》と云々。徳川安土へ逗留の間、惟日《(惟任日向守)》在荘の儀、信長より仰せ付けらる。此の間、用意馳走もっての外也」と記されており、別本との大きなちがいは、「在荘」と家康の接待とが連動しているように記されていることである。

「軍務から解放する。その代わり家康の饗応役をつとめよ」というのと、「休暇を与える」といっておいて、あらためて、「家康の饗応役をつとめよ」と命じられたのではニュアンスに微妙なちがいが感じられる。ただ、これだけの材料では、実際はどうだったのかはわからない。

饗応役解任は本当か

家康が、穴山梅雪をともなって、安土城の信長のもとに御礼言上にやってきたのは、正本『兼見卿記』にあるように、五月十五日のことであった。『信長公記』が「駿河・遠江両国、家康公へ進《まい》らせらる。其御礼として、徳川家康公并に穴山梅雪、今度上国候」とあるのはまちがっている。駿河は今回の甲州攻めの恩賞として与えられたが、遠江の方はすでに家康の領国であった。

ただ、安土到着が十五日だったことはまちがいない。同書に、

> 五月十五日、家康公、ばんばを御立ちなされ、安土に至つて御参着。御宿大宝坊然るべきの由上意にて、御振舞の事、維(惟)任日向守に仰付けられ、京都・堺にて珍物を調へ、生便敷《おびただしき》結構にて、十五日より十七日迄三日の御事なり。

と記されている。

このとき、家康とともに安土に信長を訪ねたのが穴山梅雪であった。梅雪は出家してからの法号で、名乗りは信君《のぶただ》といった。母が武田信玄の姉なので、武田家当主勝頼の従兄弟にあたるという武田一門であり、しかも、小山田信茂と並ぶ重臣筆頭にランクされていた部将である。

天正十年の信長による武田攻めのときには駿河をまかされる形で江尻城にあったが、駿河口を担当した家康の勧降工作をうけ、戦わずに信長の軍門に降ってきた。武田氏滅亡直前の寝返りで、信長がこれを赦すかどうかは実に微妙なところがあっ

たが、家康の説得があったものか、赦されることになり、その御礼言上にうかがったというわけである。

このとき穴山梅雪は、金二〇〇〇枚を信長に献上している。このころの金一枚というのは一〇両にあたるので、現在の金地金の値段で換算すると一枚がおよそ二五〇万円になり、二〇〇〇枚では約五〇億円という金額になる。

一戦国大名のしかもその一部将が五〇億円もの大金を蓄えていたというのもおどろきであるが、穴山梅雪の場合には、自分の支配下に、甲斐下部の湯之奥《ゆのおく》金山、駿河の麓《ふもと》金山などをもっており、それら金山からの収益があったものと考えられる。

金二〇〇〇枚の献上を受けて梅雪を大切に扱う気になったというわけではないと思われるが、家康は、永禄五年（一五六二）、清須同盟以来という、実に二十年もの長きにわたる同盟者なので、その接待は、並の人間にさせるわけにはいかないと考えたのであろう。「在荘」ということで、いわば非番にあたっていた明智光秀にその役がまわってきたものと思われる。

もっとも、信長は、甲州からの凱旋のとき、浜松城までは家康と行動をともにしていたので、「おっつけ、御礼に参上します」という話は聞いていて、慇懃・誠実、そして緻密な光秀をその接待・饗応役にすることをあらかじめ決めていて、光秀を軍務からはずす「在荘」という措置をとっていたのかもしれない。いずれにせよ、光秀にはうってつけの仕事であった。

ただ、このあたり、『兼見卿記』や『信長公記』の記事に矛盾がないわけではない。両書の書き方からすると、五月十四日に「在荘」を命じられ、翌十五日に接待・饗応役を仰せつかったということになる。

しかし、『信長公記』に、「御振舞の事、維（惟）任日向守に仰付けられ、京都・堺にて珍物を調へ……」とあり、十五日には、光秀はすでに、饗応すべき料理の材料を京都や堺から取り寄せていたことになる。十五日に接待・饗応役を仰せつかって、その日の内に材料を取り寄せることはできないはずである。

このあたり、史料がないので、これ以上の推測は危険なのでここらでとめておくが、私は、光秀が、家康・梅雪の接待・饗応役を命じられたのはもう少し前のことで、十五日には準備がすでにできていたのではないかと考えている。

ところで、このときの接待・饗応役を、光秀の手ぎわの悪さから突然解任されたとする史料がある。怨恨説の立場に立つ人は、このことも光秀謀反の背景にあったのではないかとしている。

解任されたとするもので、一番わかりやすく書かれているのは『川角《かわすみ》太閤記』である。そこでつぎに、その関連する部分を引用しておこう。

……家康卿は駿河の国御拝領の御礼のため、穴山殿を御同道なされ、御上洛の

> 由聞こしめさるるにつき、御宿には、明智日向守所御宿に仰せつけられ候ところに、御馳走のあまりにや、肴など用意の次第御覧なさるべきために、御見舞候ところに、夏故、用意のなまざかな、殊の外、さかり申し候故、門へ御入りなされ候とひとしく、風につれ、悪しき匂ひ吹き来たり候。其のかほり御聞き付けなされ、以の外御腹立にて、料理の間へ直に御成なされ候。此の様子には、家康卿御馳走はなる間敷と、御腹立ちなされ候て、堀久太郎所へ御宿仰せ付けられ候と、其の時節の古き衆の口は、右の通りと、うけ給はり候。信長記には、大宝坊所を家康卿の御宿に仰せつけられ候と、御座候。此の宿の様子は、二通りに御心得なさるべく候。日向守面目を失ひ候とて、木具、さかなの台、其の外、用意のとり肴以下、残りなくほりへ打ちこみ申し候。其の悪しきにほひ、安土中へ吹きちらし申すと、相聞こえ申し候事。

やや長い引用になってしまったが、これによって、光秀の不手際↓信長の叱責《しっせき》↓饗応役解任↓光秀が面目を失う↓叛意を抱く、というプロセスがよくわかる。

問題なのは、これらのことが果たして事実だったのかどうかである。特に最後の部分、饗応に使おうとした道具類から肴まで、すべて堀へ投げ捨てたなどということは、光秀の性格や、このころの光秀の立場からすると到底考えられない行為である。

光秀の不手際で解任されたというのは、後世創作された物語なのではなかろうか。『信長公記』は、前述のように「十五日より十七日迄三日の御事なり」と記しており、光秀が饗応役として命じられたのは、はじめから三日間と決められていたのではないだろうか。

ただ、『信長公記』も、のちになって書かれたものなので、十七日になって解任されたことからそのように書いたという可能性がないわけではない。しかし、その場合でも、光秀の不手際による解任ではなく、そこから、光秀が信長に怨みを抱く必然性は生まれてこない。

秀吉の応援か毛利の後方攪乱か

では、光秀の不手際による解任ではないとすれば、家康・梅雪がまだ安土に逗《とう》留《りゅう》中に饗応役が光秀から他の人に交代するには、何かよほど大事な用事が光秀を待っていたと考えるしかない。その大事な用事というのが、秀吉の応援であった。

五月十五日から光秀による家康・梅雪の接待・饗応がはじまったわけであるが、まさにその日、秀吉から信長に急報が届けられた。

秀吉はこの年四月十四日に、備前岡山城の宇喜多秀家とともに備中に入り、宮路《みやじ》山《やま》城・冠山《かんむりやま》城などを落とし、清水宗治《むねはる》の守る備中高松城にせまり、四月二十七日から高松城を囲み、近くの足守《あしもり》川の水を堰《せ》きとめ五月八日からは有名な水攻めの態勢に入っていた。

事態の思わぬ展開にびっくりした毛利輝元は、叔父にあたる吉川元春・小早川隆景に兵をつけ、備中高松城の清水宗治救援に向かわせたのである。

毛利軍本隊が後詰に出てきたとなると、このころの秀吉軍はわずか二万ちょっとの兵なので、勝ち目はない。そこで、信長本人の出馬を要請してきたというわけである。

秀吉からの急報をうけた信長は、「これは天の与えるところである。自ら出馬し、中国の歴々を討ち果たし、九州まで片づけてやろう」といって、光秀・細川忠興らを先陣として派遣することを決めている。『信長公記』に、「維任（惟）日向守……先陣として出勢すべきの旨仰出だされ、則、御暇下さる。五月十七日、維任（惟）日向守、安土より坂本に至つて帰城仕り、何れも何れも同事に本国へ罷帰り候て、御陣用意なり」とみえる。

この『信長公記』の記事だけだと、このとき、出陣を命じられた光秀らは、信長本隊の先陣として、備中高松城を水攻めにしている秀吉の応援に行くことが目的だったことになる。

ところが、『川角太閤記』はややちがった解釈をしている。そのときの信長の命令として、「日向事、但馬より因幡え入り、彼の国より毛利輝元分国《ぶんこく》伯州《はくしゅう》・雲州《うんしゅう》へ成る程乱入すべきものなり」とあったというのである。つまり、このとき光秀に命じられたのが、単に秀吉の応援に行くことだったのか、毛利本隊が備中に集中している隙に、毛利領国の伯耆《ほうき》・出雲《いずも》をねらうものだったのかという点である。

私は、この点に関していえば、『川角太閤記』の解釈があたっているのではないかと考えている。すなわち、毛利氏の後方攪乱である。そして、このことに関連して、『明智軍記』に興味深いエピソードが載っている。

「左遷」を意識した光秀

『明智軍記』によると、信長からの命令をうけ、出陣の準備のために自分の居城にもどった光秀のところに、信長からの使いとして青山与三が訪れ、「出雲・石見の二カ国を与える。その代わり、丹波と近江の志賀郡は召し上げる」という信長の命令を伝えたという。

このことは『明智軍記』にしかみえないことなので、事実であるか否かの認定には慎重でなければならないが、ありえたことではないかと私は考えている。

ただ、このことをもって、怨恨説の根拠の一つに数え上げることには反対である。確かに、丹波国の場合は、丹波平定が完全に済んでから光秀がそれをもらっているので、そうしたやり方が一般的だったとの認識も生まれてくるが、本書の第三章でみたように、光秀が近江国の志賀郡をもらったときはそうではない。まだ平定されていないところを、いわば「空手形」のように与えられ、実際に腕ずくで自分のものにしていくということも、このころの所領の宛行《あてがい》にはみられたのである。したがって、まだ敵国の領地であるところを与えられたからといって、それを理不尽な行為とうけとるのはまちがっている。

『明智軍記』が、この青山与三によって伝えられた信長の命令を聞いたあと、「光秀并家子・郎等共闇夜ニ迷フ心地シケリ。其故ハ、出雲・石見ノ敵国ニ相向ヒ、軍ニ取結中ニ、旧領丹波、近江ヲ召上レンニ付テハ、妻子眷属少時モ身ヲ置ク可キ所ナシ」と記すのは、事実だったとは思えない。近世的価値観からくる『明智軍記』作者の解釈であろう。

『明智軍記』のこの書き方によるところが大であると思われるが、このとき、信長から、丹波・近江志賀郡を没収し、その代わりに、まだ敵の領国である出雲・石見が与えられることになったことで、光秀が信長に怨みの気持ちをもつようになったとされている。本能寺の変光秀怨恨説の有力な根拠とされているようであるが、私はそのようには考えない。

むしろ、場所が問題だったのではなかろうか。つまり、出雲・石見は、京都より遠く離れたところである。一国一郡から、二国の大名へというのは、形の上では栄転であるが、光秀のように、京都奉行、さらに「近畿管領」として、政権中枢にあった人間にしてみれば、これは「左遷」とうつったのではないだろうか。

政権中枢にいて、しかも前年天正九年二月二十八日の京都での馬揃えにおいては、光秀が織田軍全体の指揮を取る形だった。そうした陽の当たる場所、栄光の座から引きずりおろされることに何かを感じたはずである。

しかも、これから向かおうとする中国攻めは、中国方面軍管区司令長官羽柴秀吉の管轄下である。長年、ライバルとして功を競ってきた秀吉に一歩リードしたと思っていた光秀が、今度は秀吉の下につく形になるわけである。表面上は何事もないという態度はとっていても、内心おだやかではなくなっていたはずである。

第六章 光秀謀反の原因は何か

1　信長将軍任官の動きと光秀

光秀謀反の理由をめぐる諸説

明智光秀といえば、やはり本能寺の変である。よく、歴史の雑誌で、「日本史の謎」とか、「日本史迷宮事件」などといった特集が組まれることがあるが、そうした特集の際には、必ずといってよいほど、本能寺の変が入っている。それほど謎に満ちた事件だったわけである。

事件の具体的な経過および結果についてはかなりなまで明らかにされたにもかかわらず、肝心の、光秀の動機については、さまざまな考え方があって、「これだ」というものがなかなかない。歴史家・作家だけではなく、歴史愛好家の中にも自分の説をもつ人もいて、文字通り、百花繚乱《りょうらん》といった観がある。

それら、これまでの諸説を整理するだけでも優に一冊の本になるくらいの分量があるわけであるが、本書は、光秀の動機、すなわち、本能寺の変の原因をさぐることが主な目的ではないので、これからの私の叙述にかかわる点に限って、簡単に研究史の整理をするにとどめたい。

現在までのところ、諸説を最もわかりやすい形で整理しているのが、後藤敦氏による「本能寺の変学説&推理提唱検索」(『別冊歴史読本』54完全検証信長襲殺)である。そこで後藤氏は、大きく、A光秀単独犯説、B主犯存在説・黒幕存在説、C関連する諸説の三つに分け、さらにそのそれぞれを細分化し、五〇の説に整理している。わかりやすくまとめたのが、一八三ページに掲げた表である。

これでみると、表現はちがうが、いっている内容は同じと思われるものもあるので、もう少しまとめることは可能であるが、しかし、いずれにしても、一つの事件で、「なぜ、光秀は信長を討ったのか」という点だけにしぼっても、これだけの異説が生まれているケースは珍しいといわなければならない。「日本史上最大のミステリー」などといわれるのも当然であろう。

もっとも、中には何ら史料的な裏づけがなく、全くの臆測によって説が提唱されている場合もあり、この五〇の説をすべて同等に扱うことは適当ではない。「これが定説だ」とか、「通説になっている」というものは現在のところ存在しない。ただ、有力視されている考え方は少なくとも四つある。その四つとは、表の通し番号でいえば、

①野望説

②突発説
③怨恨説
㉕朝廷黒幕説

である。

このうち、①野望説は、「光秀にも天下を取りたいという野望があった」とするもので、謀反とか反逆というより、下剋上という、戦国時代にあっては当たりまえの行為だったとするものである。

高柳光寿氏がその著『明智光秀』の中で、それまで比較的有力視されていた怨恨説を一つひとつ否定し、「光秀も天下が欲しかった」ととらえ、「光秀は信長と争い得る兵力はない。けれども機会さえあれば信長を倒し得ないことはない。今やその機会が与えられたのである」と、本能寺の変直前、信長の家臣たちが四方に散っていた状況、本能寺に近臣数十名を従えただけで出かけた信長側の油断をあわせ論じている。

②突発説は、偶発説ともいわれているものである。①野望説に対する批判から生じてきた考え方といってもいいかもしれない。というのは、「天下を取りたい」という野望によって光秀が信長を討ったにしては、その後の光秀の行動が支離滅裂であり、到底、前々からの計画にのっとったものとは考えられないとする。

光秀単独犯説	**Ⅰ積極的謀反説** ①野望説　②突発説 **Ⅱ消極的謀反説** ③怨恨説　④不安説　⑤ノイローゼ説　⑥内通露顕説 ⑦人間性不一致説　⑧秀吉ライバル視説 **Ⅲ名分存在説** ⑨救世主説　⑩神格化阻止説　⑪暴君討伐説 ⑫朝廷守護説　⑬源平交替説 **Ⅳ複合説** ⑭不安・怨恨説　⑮怨恨・突発説　⑯不安・突発説 ⑰野望・突発説　⑱不安・野望説　⑲怨恨・野望説 ⑳複合説
主犯存在説・黒幕存在説	**Ⅰ主犯存在説** ㉑羽柴秀吉実行犯説　㉒斎藤利三実行犯説 ㉓徳川家康主犯・伊賀忍者実行犯説 ㉔複数実行犯・複数黒幕存在説 **Ⅱ黒幕存在説** ㉕朝廷黒幕説　㉖羽柴秀吉黒幕説　㉗足利義昭黒幕説 ㉘毛利輝元黒幕説　㉙徳川家康黒幕説 ㉚堺商人黒幕説　㉛フロイス黒幕説　㉜高野山黒幕説 ㉝森蘭丸黒幕説 **Ⅲ黒幕複数説** ㉞秀吉・家康・光秀共同謀議説　㉟足利義昭・朝廷黒幕説 ㊱近衛前久・徳川家康黒幕説 ㊲毛利輝元・足利義昭・朝廷黒幕説 ㊳堺商人・徳川家康黒幕説　㊴上杉景勝・羽柴秀吉黒幕説 ㊵徳川家康・イギリス・オランダ黒幕説 ㊶足利義昭・羽柴秀吉・毛利輝元黒幕説 **Ⅳ従犯存在説** ㊷近江土豪連合関与説　㊸長宗我部元親関与説 ㊹濃姫関与説　㊺光秀の妻関与説　㊻羽柴秀吉関与説
その他	㊼信長の対朝廷政策との関連　㊽家臣団統制との関連 ㊾信長自滅説　㊿信長不死説

本能寺の変の真相をめぐる諸説（後藤敦氏の整理による）

事前に何の計画性もなく、「信長が、せいぜい一〇〇人ほどで本能寺に泊まっている」という情報を得て、突発的に、もっといえば発作的に討ってしまったというものである。

③怨恨説は、従来、作家が好んで用いてきた考え方である。歴史家では、桑田忠親氏がその著『明智光秀』の中で、怨恨説をベースに述べられている。もっとも、桑田氏の怨恨説は単純な怨恨説ではなく、武道の面目を立てるために主君信長を謀殺したととらえ、「光秀自身の面目を傷つけられた鬱憤を晴らしたのが、光秀叛逆の真相と見るべきであろう」と述べている。

そして、有力視されている考え方のもう一つが㉕朝廷黒幕説である。敗戦前の天皇制的歴史観、すなわち皇国史観の時代にはこのような説が提唱されるはずもなく、敗戦後、しかも一九九〇年ころから急浮上してきた考え方であるが、歴史家・作家とも、この説に依拠する人は多くみられる。

この朝廷黒幕説というのは、光秀が朝廷の中の人物と連絡をとりつつ、朝廷にとって不都合な存在である信長を討ったというものである。黒幕とされる人物については、さらに論者によって分かれるし、また、信長が朝廷に対して行ったという無理難題の類も論者によってさまざまにいわれている。

以上、大ざっぱではあるが、本能寺の変の真相についての、現時点での有力な考え方をみてきた。しかし、私自身の考え方は、この四つの説のどれにも属さない。私の結論はもう少しあとのところでくわしく述べることとして、ここでは、その前提となるいくつかの点についてあらかじめみておきたい。

わずかの伴で信長が上洛したわけ

第五章第一節の「天正九年の馬揃え」のところでふれたように、信長は、天正九年（一五八一）一月から二月にかけて上洛し、そのとき、二度にわたって京都皇居の東で盛大に馬揃えをやるとともに、正親町天皇の譲位を要求していた。

ところが、陰陽道でいう「金神」を理由に譲位が拒否されると、それ以上ごり押しはせず、その代わり、安土に引っこんでしまい、朝廷とは距離を置く形となっていたのである。

これは、朝廷にとっては無気味だったと思われる。というのは、信長は、天正六年（一五七八）四月九日に右大臣・右近衛大将の官職を辞し、それから先、無官となって、朝廷の埒外《らちがい》で「天下布武」へと邁進していたからである。

馬揃えのところでみたように、そのとき信長は、正親町天皇の譲位と引きかえに左大臣就任を承諾しようと考えていたにもかかわらず、正親町天皇が譲位を拒否したため、信長の左大臣就任も宙に浮いてしまった。「意地の張りあい」といってしまえばそれまでであるが、そのころから、信長は別な路線を考えていたというのも、京都から足を遠ざけていた理由だったのかもしれない。

そのころの朝廷というか、正親町天皇の側としては、「臣下である信長から譲位のことをいわれて譲位したのでは天皇の権威にかかわる。しかし、このまま信長を怒らせてしまうのもまずい」と考えるようになったのであろう。翌天正十年（一五八二）三月、信長が武田勝頼を滅ぼしたことで、それを契機に歩みよりをみせている。

以下、少しこまかいことになるが、あとの論述の上で重要になってくるので、そのあたりの具体的な経過を追うことにしたい。

さきにみたように、信長が甲州攻めから安土に凱旋したのは四月二十一日のことであった。その情報は朝廷でもキャッチしたと思われ、すぐに、正親町天皇と誠仁親王からの戦勝祝いの勅使が派遣されることになった。勅使として安土に下ったのは公家の勧修寺《かじゅうじ》晴豊《はれとよ》で、晴豊は四月二十三日に安土に到着している。

そのとき、信長と晴豊の間でどのような会話がかわされたかわからないが、晴豊は、信長の態度が軟化していることを読みとったのではなかろうか。四月二十五日、朝廷で、信長を太政大臣か関白か征夷大将軍かに推挙するため、勅使を派遣することを決めているのである。これがいわゆる「三職推任《さんしきすいにん》」である。

　この決定は、それまでの朝廷のやり方からすると、実におどろくべき決定だったといってよい。何せ信長は、天正三年（一五七五）に権大納言、翌年内大臣、翌々年右大臣となり、そのつぎの年に官職を辞しているのである。ふつう、太政大臣になるには、右大臣から左大臣を経て太政大臣になるわけで、明らかにルールを破っている。

　また、信長は、平氏を称していた。本来、藤原氏だったものが、いわゆる「源平交替思想」の影響をうけたものであろう。天下取りがある程度みえてきた段階から、平氏になっていた。

　しかし、歴史をみると、武士では、源氏の人間以外、将軍になったためしはないのである。ここでも先例破りがみられる。この点についてはあとでもう少しふれたい。

　関白についても同じである。こののち、秀吉がはじめて武家関白となるが、仮に、信長が関白となれば、はじめての武家関白になるわけで、どれをとっても「三職推任」は、それまでの朝廷のルールにないことであった。

　そこで問題なのは、この時期、どうして朝廷が異例ずくめの「三職推任」という動きに出たのかである。

　この点について、立花京子氏は、信長の意向を受けた京都所司代の村井貞勝が朝廷に対し圧力をかけたからであるとする考え方を示している（「信長への三職推任について」『歴史評論』四九七号）。

それに対し、堀新氏は、「村井も含めて誰も信長の意向を理解していないために、三職のいずれかという玉虫色の推任となったと考えるべきである」（「織田信長と三職推任」『戦国史研究』三十四号）と述べ、立花説に反対の態度を示している。堀氏によれば、「三職推任」は、武田氏滅亡をお祝いする、朝廷からの最大級のプレゼントだとする。私も基本的には堀氏の考え方があたっているとみるが、三職のいずれにも任官する意思がなかったとみる点については疑問がある。

「天下いよいよ静謐に申しつけられ候、……朝家の御満足、古今比類なき事候へば、いか様の官にも任ぜられ、油断なく馳走申され候はんこと肝要候」（「畠山記念館所蔵文書」）という誠仁親王の書状を添えた勅使が安土についたのは五月四日のことであった。

「三職推任」が信長からの要求ではなかったため、さきの四月二十五日の戦勝祝いから十日ほどしかたっていない二度目の勅使の派遣については、信長はその真意がわからなかった。それ以前に、信長の側から三職、すなわち、太政大臣・関白・将軍の内のどれかに任官したいという申し出をしていれば、「その内のどれでもお好きな官に任命しましょう」というのだから話は簡単である。

誠仁親王御消息（畠山記念館蔵）

ところが、このときは、降ってわいたように、「三職の内からお好きなものを」といわれ、予想外の申し出であり、信長自身も対応に困ったのではなかろうか。そこで、信長は、小姓の森蘭丸を勅使の付添の勧修寺晴豊のもとに遣わし、朝廷側の真意をつかもうとした。

このあたりの動きは、当事者である勧修寺晴豊の日記『晴豊公記』の断簡である「日々記」（国立公文書館内閣文庫所蔵）にみえるので、詳細を知ることができる。

「日々記」の天正十年五月四日条に、

のふなか《（信長）》より御らん《（森蘭丸）》と申候こしやう《（小姓）》もちて、いかやうの御使のよし申候。関東打はたされ弥重候間、将軍ニなさるへきよしと申候へハ、又御らんもつて御書あかる也。

とみえ、戦勝祝いの勅使がきたのに、またすぐ二度目の勅使がきたことに不審を抱いた信長が小姓の森蘭丸を遣わして勅使付添の勧修寺晴豊に問いただしたところ、晴豊は、「信長を将軍に推任したいという勅使だ」と答えたというのである。

このときもたらされた誠仁親王の書では、「いか様の官にも」と、三職の内から信長に選ばせるようないい方をしていながら、晴豊の答えでは、「朝廷の意向は、信長を将軍にしたい」と考えていたということになる。

しかし、この時点で、朝廷内部が、信長を将軍にするという方向で一本化していたとみるのは早計である。あくまで、これは晴豊の個人的な見解であろう。この点は、堀新氏のいわれる通りである。

森蘭丸からの報告を聞いて、今回の勅使下向の目的を知った信長は、しばらく考えていなかった朝廷との関係を考えざるをえなくなった。しかし、信長自身の将来の政権構想はこの時点ではまだまとまっていなかったのではなかろうか。

平氏である織田家の信長としては、平清盛路線、すなわち、太政大臣になって武家政権を樹立するというのが最もオーソドックスな方向である。しかし、甲斐の武田氏を滅ぼし、関東の北条氏、奥州の伊達氏とも好を結んでいるいまの立場は、征夷大将軍の名にふさわしいと考えても不思議ではない。誠仁親王の書で「いか様の官にも」といわれ、勧修寺晴豊は「関東打はたされ珎重候間、将軍ニなさるへきよし」との朝廷側の意向を語っている。

信長はこのとき、歴史上先例のない平姓将軍になることを考えたのではないだろうか。ただ、信長の性格を考えると、中途半端が嫌いなたちであったところからみて、「どうせなら、将軍任官は、中国の毛利氏を討伐してからにしたい」と考えたものと推察される。

五月六日、信長は勅使に面謁《めんえつ》したが、琵琶湖に船を浮かべて勅使を接待しただけで、勅使がいう「いかなる官がお望みですか」といった問いには明確な答えをしていないのである。

そして、その九日後の五月十五日、秀吉からの出馬要請が信長のもとに届けられる。このとき信長が、光秀らに出陣を命じ、自ら出馬し、「中国の歴々討果し、九州まで一篇に仰付けらるべき」との強い意志をもって臨んでいたことはすでにみた通りである。

信長は五月二十九日、わずかの伴を連れただけで安土を出発し、その日の内に京都の本能寺に入った。わずかの伴といったが、『信長公記』によると、「御小姓衆二、三十人召列れられ、御上洛」とあるので、御小姓衆ばかりとの印象をうけるが、『当代記』には一五〇騎とあるので、御小姓衆だけではなかったようである。

しかし、信長にしてみれば、軍勢とはいえないきわめて少ない人数で出かけたことになる。『信長公記』によると、諸将に中国への出陣のため、その準備をさせたので、諸将の「御伴これなし」ということになったことがわかる。

確かに畿内・近国は完全に信長によって敵対勢力は平定され、わずかの伴でも安全だった。家臣による謀反ということを考えなければ、信長自身の身に危険が迫るなどということはありえないわけである。その意味では、甲州攻めによって武田氏を滅亡に追い込んだあと、信長に油断の気持ちが生じていたといわざるをえない。そして、そのことと、「将軍になれる」という思いが、わずかの伴で京都入りをする結果になったのではないかと私は考えている。

このあたり、史料がなく、推測でしかものがいえないわけであるが、信長の将軍任官が実現される上で、一つのネックとなっていたのが足利義昭の存在だった。

意外に思われる人も多いと思うが、天正元年（一五七三）に信長によって追放された足利義昭は解任されておらず、形の上ではまだ将軍に在位していたのである。

この時期、何者かによって、足利義昭の将軍解任の可能性を示唆《しさ》する報告が信長に届けられたのではなかろうか。信長は、おびき出されるような形で、わずかの伴を連れただけで五月二十九日、安土をたったのである。

「愛宕百韻」の新解釈

私が、ここで特に注目したいのは、四月二十三日に安土に到着した第一回目の勅使、そして五月四日に到着した第二回目の勅使が信長に戦勝を賀し、朝廷側の「三職推任」の意向を伝えてきたとき、信長の側にいた重臣クラスの部将としては、光秀と、あとは堀秀政《ひでまさ》くらいしかいなかったという点である。堀秀政は光秀よりランクは相当下になるので、朝廷が「信長を将軍にしてもよい」という意向をもっている事実を知りえた信長重臣は光秀ただ一人だったという点である。

仮にこの場合、光秀が源氏の人間でなかったならば、信長の将軍任官の動きは別にどうということもなかったかもしれない。主君の栄達によろこんだ可能性もある。

ところが、光秀は、本書で私が強調してきたように、美濃源氏土岐氏の一族明智氏の人間であった。しかも光秀は学識もあり、故実にもくわしく、「武士で平氏の人間が将軍になった先例はない」と考えていた。特に、五月四日の勅使下向によって、信長の将軍任官の可能性が高くなるにつれ、「平姓将軍の出現は、歴史の秩序を乱す」という思いは日ましに強くなっていったのではなかろうか。

さきにふれたように、光秀は五月十五日から十七日までの三日間、家康・梅雪の接待・饗応役をつとめ、最終日の十七日には役目を終えて自分の居城である坂本城にもどり、中国への出陣の準備にとりかかっている。

五月二十六日、丹波亀山城に入り、翌二十七日、愛宕山《あたご》の愛宕大権現へ参詣し、参籠をしている。おみくじを二度、三度ひいたといわれるのはこのときのことである。そして、翌二十八日、愛宕大権現五坊の一つ、威徳院西坊《いとくいんにしのぼう》で連歌会が興行された。当時、戦いの前に神前で連歌会を開き、詠んだ連歌を神に奉納して戦いに出かければ、その戦いに勝つということが信じられていた。いわゆる「出陣連歌」である。

表向き、光秀が、中国攻めに出陣するにあたって開いたものであるが、結果から判断すると、すでに光秀は信長に対する謀反を考えており、このときの愛宕大権現での「出陣連歌」は、内実は本能寺の変のための「出陣連歌」だったことになる。

このときの連歌は、「愛宕百韻《ひやくいん》」あるいは「明智光秀張行百韻」の名で知られ有名になった。『続群書類従』にも収められている。連衆《れんじゆ》は、光秀、連歌師里村紹巴《じようは》を含め、全部で九人だった。

よく知られているものではあるが、発句以下、冒頭の部分を少し引用しておこう。

時は今あめか下《した》しる五月《さつき》哉《かな》　光秀
水上まさる庭の夏山　行祐
花落る池の流をせき留て　紹巴
かせは霞を吹をくるくれ　宥源
春も猶かねのひゝきや消ぬらん　昌叱
かたしく袖は有明の霜　心前

以下、この調子で百韻が続くわけであるが、何といっても発句の「時は今あめか

愛宕神社

下しる五月哉」の句は有名である。「時」を明智氏の本姓である「土岐」にかけ、「あめか下しる」を、「天下を治《し》る」にかけ、「今こそ、土岐の人間である私が天下を治めるときである」と、信長に対する謀反の心のうちを吐露したものとされている。

もっとも、こうした通説に対しては反論もある。たとえば、桑田忠親氏は、『明智光秀』の中で、

……「時はいま」の「時」を、明智氏の本姓「土岐」を暗示させたと解釈するのも、後世の何びとかのこじつけではなかろうかと、推測する。しかし、このこじつけのために、じつは光秀が土岐家の支族明智氏の子孫だということが、

評判になったのである。

と述べている。

しかし、私は、光秀のアイデンティティの一つに、土岐一門という意識があったとみており、この場合の「時はいま」の言葉に「土岐」をひっかけていたことはまちがいないのではないかと考えている。

ところで、これまでは、「愛宕百韻」の光秀の発句だけがとりあげられていたが、この発句の解釈も含め、百韻全体に目くばりをして新しい解釈を試みた論文がある。津田勇氏の「愛宕百韻に隠された光秀の暗号」（『歴史群像』一九九五年四月号）である。

まず、発句については、「あめが下しる」を、従来の通説のように「自分が天下を取るのだ」という意味にはとらない。理由は、光秀のように古典に通じた教養人が「治る」という重い言葉を自分のために使うことはありえないとする。また、津田氏は、「時は今」の「時」を「土岐」に結びつけるのも短絡的だとし、『三国志』の「今ヤ天下三分、益州疲弊シ、此レ危急存亡ノ秋《とき》ナリ」という一文を面影にした句作りだと指摘する。

そして注目されるのは、「愛宕百韻」の句のかなりが、『平家物語』『太平記』『増鏡』『源氏物語』といった古典を下敷きにして成り立っているという指摘である。

たとえば、光秀の発句「時は今あめが下しる五月哉」と、二句目の「水上まさる庭の夏山」は、『延慶本平家物語』巻四の「程ハ五月雨シゲクシテ、河ノ水カサマサリタリ」という文章を踏まえているという。また、三句目の「花落る池の流をせき留て」も、『源氏物語』の花散里をテキストにしているとする。

『平家物語』『太平記』に描かれた情景が多く詠みこまれている点について、津田氏は、「源頼政・頼朝（『平家物語』）、源頼兼・高氏・義貞（『太平記』）が時を隔てながらも、〝朝敵〟となった横暴な平氏を討つという出来事がもう一度、時を隔てて繰り返されたということになるであろう」と述べている。

つまり、「愛宕百韻」には、連衆一致しての、打倒平氏・源氏台頭の寓意《ぐうい》がこめられていたというのである。

美濃源氏土岐一門明智氏の光秀が、平氏である織田信長を討つという構図はまちがっていなかったのである。

本書執筆中、私は、できるだけ光秀になりきろうと考え、愛宕大権現、すなわち現在の愛宕神社（京都市右京区嵯峨愛宕町）に参詣した。清滝《きよたき》から徒歩でしか行けず、片道二時間余を要したが、途中から、亀山方面からの道と合流する形となり、実際に光秀が歩いた同じ道を時間をかけて歩く内に、光秀がその日、どのような思いを胸に秘めていたかが段々わかるような気になってきたから不思議である。

2 信長非道阻止説

朝廷と光秀

「本能寺の謎」を明らかにする私の仕事も、次第に核心に近づいてきた。しかし、いままでのところ明らかにしえたのは、信長が先例のない平姓将軍に任官しようとしたのを、源氏である光秀が体を張って阻止したというのにすぎない。これだけの理由では、根拠薄弱といわれても仕方がないであろう。

結論からいってしまうと、私は、光秀謀反の原因を、光秀が、信長の悪政・横暴を阻止しようとしたところにあったとみている。さきにふれたように、怨恨説とか野望説とかいったわかりやすい表現でいえば、信長非道阻止説ということになる。

いまみてきた、信長が、先例のない平姓将軍に任官しようとしたのも、光秀にしてみれば、悪虐非道なことだったのである。しかし、それとても、いくつかあった信長の非道の一つにしかすぎなかった。

では、光秀の目に信長の非道とうつった行為はほかにどのようなものがあったのだろうか。そのいくつかを明らかにすることによって、信長非道阻止説の証明を進めることにしたい。

その証明に入る前に、光秀の置かれていた立場というか、スタンスについてあらかじめ説明しておかなければならない。

光秀が、信長上洛後、しばらくの間、信長と将軍足利義昭の二人に「両属」する形だったことについてはすでにふれた通りである。また、京都奉行として、さらに、「近畿管領」として、京都の庶政、朝廷との交渉に、信長家臣の中では一番深くかかわっていた部将だったこともまちがいない。

そして、このことから一つの事実が浮かびあがってくる。朝廷・公家の人びととの交流である。もっといえば、光秀は、公家衆の中に豊富な人脈を築きあげていたといってもよい。

そのあたりは、吉田兼見の『兼見卿記』などを読んでいけばはっきりする。日記を残した公家の場合には、光秀との親交の深さを読みとることができるが、日記を残していない公家との交流もあったはずで、数ある信長家臣の中では、ある意味では光秀は一番朝廷に近い存在だったのではなかろうか。

実は、このことに関して注目すべき動きがある。宮中の御湯殿《おゆどの》の上に日常居住していた女官の日記『御湯殿上日記《おゆどののうえにっき》』の天正七年（一五七九）七月二十四日条に、……山国の事に、あけち《明智》所へむま《馬》・よろい《鎧》と、かけふくろ《掛袋》廿とつかわす。両奉行くたる。山くにへは下代ともすくくる。めてたし々々。

とみえるが、正親町天皇が、「あけち所」、すなわち明智光秀のところに、馬・鎧《よろい》と掛袋、すなわち香袋を下賜《かし》したという事実である。「山国」とあるのは丹波国の山国荘（京都市右京区京北《けいほく》）で、禁裏領であった。この年六月、光秀は八上城の波多野秀治兄弟を降し、こののち八月に黒井城を落として丹波平定が成るわけであるが、これは、光秀が禁裏領丹波国山国荘を回復した恩賞として、正親町天皇が光秀に下賜したことを示している。

ここに記された文脈からすると、これらの品々が、正親町天皇から信長を通して光秀に与えられたのではなく、正親町天皇から直々に下賜されたものと思われる。このような例は信長の家臣では他にみられず、きわめて異例である。

もちろん、この時点では、信長が、自分を飛びこして、いわば頭ごしに光秀に恩賞を与えられたことに対して抗議をしたような形跡もなく、非難めいた発言も伝わってはいない。しかし、内心おもしろくなかったはずで、その後の展開に微妙な影を落とした可能性はあるのではないかと考えられる。

皇位簒奪に動いた信長

このように、光秀は、朝廷・公家と深い人脈で結びつき、直接、正親町天皇から恩賞を下賜されたという経験もあり、信長の重臣でありながら、心情的には朝廷・公家に近かったのではないかと思われる。では、そのような光秀の目にうつった信長の悪政・横暴とは具体的にどのようなものがあったのだろうか。

一つは、信長が正親町天皇に譲位をせまったことである。この点については、すでに天正九年二月二十八日と三月五日の京都で行われた馬揃えのところでふれたので、ここではくりかえさない。ただ、この譲位要求が、信長の皇位簒奪《さんだつ》の動きと結びついていた点についてはふれておかなければならないと思われる。

この点について、現在では異なる見解をとっているが、かつて、朝廷黒幕説の立場から論陣を張っている桐野作人氏の主張が最も端的な形で表現されていたので、その著『信長謀殺の謎』から要点をかいつまんでおきたい。

桐野氏は、信長のねらいは「治天の君」獲得だったという。つまり、日本の天皇制では、院政が行われていた時代、実権は天皇ではなく、天皇の父にあたる上皇が実際には天皇家の家督として、「治天の君」となって実権を握っていたととらえ、信長はこの「治天の君」をめざしたというのである。

実際に信長が構想していたプロセスは、正親町天皇から誠仁親王に譲位させ、新天皇となった誠仁から信長は「准三宮」の待遇をうけ、天皇家の一員になり、さらに、誠仁から誠仁の子五宮に譲位させるというものである。この五宮は信長が猶子《ゆうし》にしていたとされる皇子で、五宮が即位すれば、信長は新天皇の義父となり、「治天の君」になるというわけである。

桐野氏は、「だが、このシナリオは上演されるまさに直前、光秀によって断固として阻止され、未完に終わった」とし、結論としては、〝朝廷内共同謀議グループとの盟約説〟、すなわち、朝廷黒幕説を提唱されていたのである。

私自身は、あとでもふれるが、朝廷黒幕説は採らない。しかし、信長の側におり、また、朝廷・公家との人脈もあった光秀が、こうした信長の皇位簒奪計画は承知していたはずであるし、これを非道の一つとみていたことはまちがいないのではないかとみている。信長非道阻止説の、信長非道の一つとして、この皇位簒奪計画は当然カウントされる。

光秀が信長の非道と感じたもう一つは暦《こよみ》問題である。本来、年号や暦の決定は天皇大権に属すことがらであった。天皇が、土地・人民だけでなく、時をも支配しているという観念である。

実は、この天正十年二月から、光秀によって殺される六月まで、信長と朝廷の間で、暦をめぐっての対立が続いていたのである。

具体的なことがらは、『兼見卿記』や「日々記」など、公家側の史料だけからしか明らかになってこないが、それでも問題となった争点を浮き彫りにすることはできる。

そのころ、朝廷では、陰陽頭《おんみようのかみ》土御門《つちみかど》氏の制定する京暦、すなわち宣明《せんみよう》暦を使っていた。これが、全国的な統一された暦として位置づけられていたのである。ところが、当時は地方暦といわれるものも存在しており、京暦とくいちがいが生ずることも少なからずあった。

地方暦の一つで、信長の本拠地ともいうべき尾張を中心に流布していた尾張暦というものがあり、尾張暦によれば、天正十年の十二月のつぎに閏十二月が入ることになっていた。ところが、京暦では、翌年天正十一年の正月に閏月を入れることになっていたのである。

信長は何を考えたか、京暦の土御門久脩《ひさなが》と、尾張暦の賀茂在昌《あきまさ》をよんで、二月に対決させている。そのときは結論が出ず、おあずけの形になっていたが、甲州攻めからもどったあと、またこの問題をもち出している。勧修寺晴豊がその日記「日々記」に、「十二月閏の事申し出、閏有るべきの由申され候。いわれざる事なり。これ信長むりなる事とおのおの申す事なり」と書きつけていることをみても、公家たちにとって、信長が無理難題を再びふっかけてきたととらえたものと思われる。

このいきさつを光秀がどの程度承知していたかはわからないが、公家の中に知人も多く、親友といってもよい人物もいるので、彼らの口からこのことは聞かされていたであろう。この暦問題も、光秀の目には、信長非道の一つとしてうつっていたはずである。

「信長父子の悪虐は天下の妨げ」

結局、以上みてきたことと、これまでにふれたことをあわせて整理してみると、光秀の目に信長の非道としてうつっていたのは、つぎの五つになる。

(1)正親町天皇への譲位強要、皇位簒奪計画
(2)京暦（宣明暦）への口出し
(3)平姓将軍への任官
(4)現職太政大臣近衛前久への暴言
(5)正親町天皇から国師号をもらった快川紹喜を焼き殺した

このうち、(1)の正親町天皇への譲位強要は前年の天正九年からみられるが、あとの(2)(3)(4)(5)はいずれも天正十年二月以降のことである。光秀が、急速に意識の中で信長と距離を置きはじめたのも、このころからではないかと思われる。

ところで、私が、光秀謀反の理由として、信長非道阻止説を前面に打ち出したのは、こういった悪政・横暴の数々が具体的に指摘されるのと、もう一つ、光秀自身

がそのことに言及している史料があったからである。それは、年不詳であるが天正十年と推定される六月二日付の光秀書状である。

天正十年六月二日といえば、まさに本能寺の変当日にあたる。この日、光秀は美濃の野口《のぐち》城（大垣市野口町）にいた西尾光教《にしおみつのり》に勧降工作の書状を出している（『武家事紀』所収文書）。読み下しにして引用しておこう。

信長父子の悪虐は天下の妨《さまた》げ、討ち果たし候。其の表の儀、御馳走候て、大垣の城相済まさるべく候。委細、山田喜兵衛尉申すべく候。恐々謹言。

六月二日　惟日（惟任日向守）在判

西小　御宿所

何といっても、ここに、「信長父子の悪虐は天下の妨げ」と、光秀自身がいっていることに注目したい。「だから討ち果たしたのだ」といっているわけで、これが、光秀自身のそのときの真情を吐露したものといってよい。

もっとも、従来もこの文書の存在そのものは知られていた。しかし、これまでは、多くの場合、「信長父子の悪虐」というものを、比叡山延暦寺を焼き討ちしたこと、一向一揆との戦いで多くの門徒を虐殺したこと、将軍足利義昭を追放したことなど、いわゆる「悪虐一般」としてとらえてきたように思われる。しかし、私は、光秀が「信長父子の悪虐」といっているのを、さきに整理した(1)から(5)と考えている。

ここで私は、光秀が勤王《きんのう》家だったというつもりはない。「朝廷も庶民も信長の悪虐を嫌っている。主君殺しではあっても、この場合は支持されるのではないか」という思いがあったのではなかろうか。

3 出世競争に疲れた光秀

天正十年正月の茶会

では、光秀が信長に対する反逆を考えるようになったのはいつからなのだろうか。確かに、天正九年の二月・三月の時点で、馬揃えといった示威行動によって、信長による正親町天皇に対する譲位の強要ははじまっていた。

しかし、その時点では、光秀自身が馬揃えの総括奉行を命じられており、まさに陽の当たるところにいたので、譲位強要を特に信長の非道とは考えていなかったものと思われる。

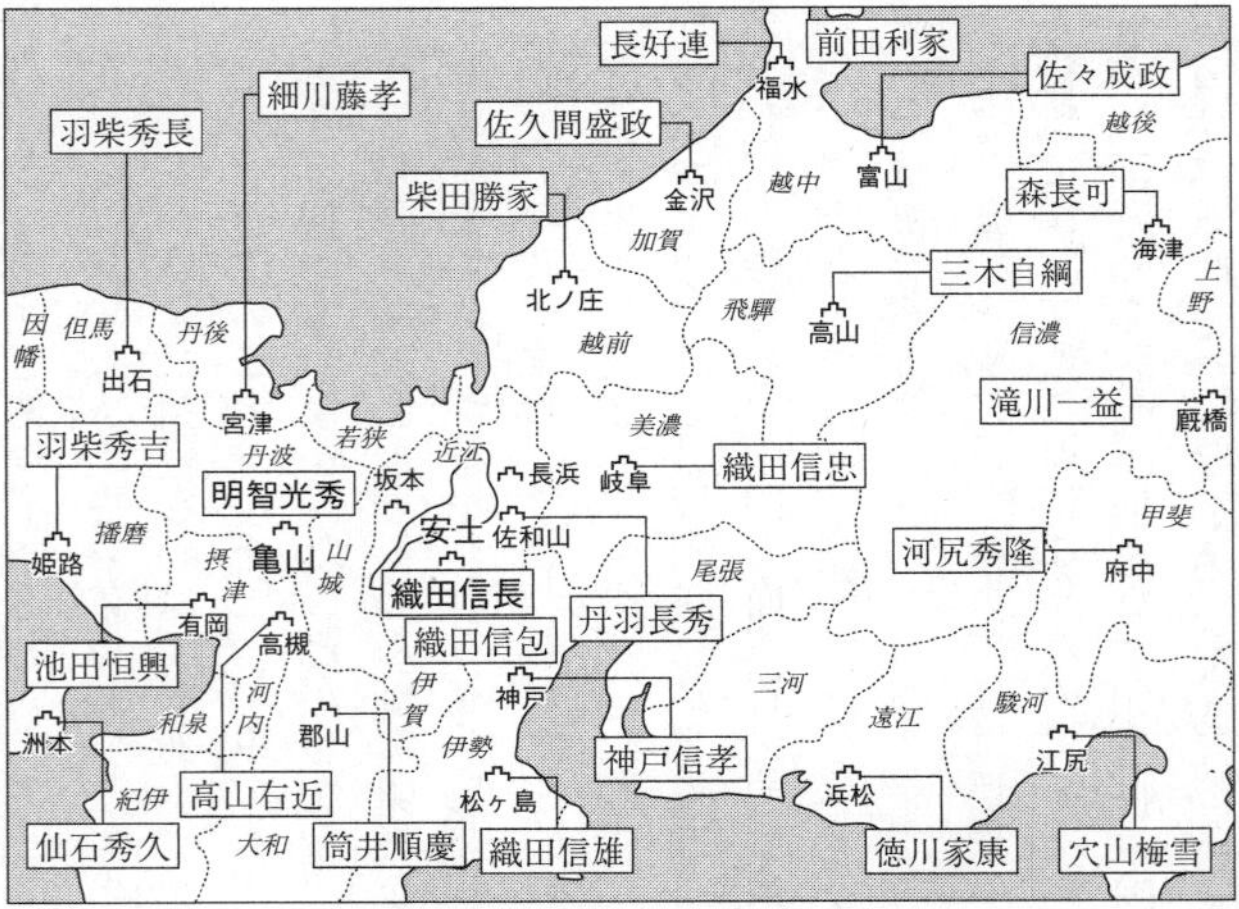

信長軍団配置図(本能寺の変直後)

年が改まって天正十年になっても、正月の段階では、光秀に信長に対する叛意の徴候すらみられない。むしろ、主君として奉っている風である。そのことは、『宗及他会記』(『茶道古典全集』第七巻)からもうかがわれる。

『宗及他会記』によると、天正十年正月七日に、光秀は坂本城に山上《やまのうえ》宗二《そうじ》と津田宗及の二人を招いて茶会を開いたが、床に信長自筆の書を掛け、しかも道具として、信長から拝領した八角釜を使っていたことがわかる。

茶掛けの書にしても釜にしても、茶会においては最も大事といってよい道具である。その大事な道具に、信長ゆかりの品を使っているということは、光秀が信長に心服していたことを物語っている。嫌いな人、さらには殺したいと思っている人の書を、初釜と思われるめでたい茶の席には掛けないはずである。

つまり、このこと一つをとってみても、光秀が、天正十年正月の時点では、信長に叛意を抱いていなかったことがわかる。

二月の暦問題のときも、そんなに切実な問題ではなかったので、叛意を抱くというところまではいかなかったろう。光秀の心に動揺がみられたのは、三月から四月にかけての武田攻め、すなわち甲州遠征に従軍したときからではなかったろうか。

光秀にとってまずショックだったのは、甲州攻めの部署が発表されたときではなかったかと思われる。柴田勝家が北陸方面軍管区司令長官として北陸で上杉軍を相手とし、羽柴秀吉が中国方面軍管区司令長官として中国で毛利軍を相手としていたので、光秀としては、「当然、自分のところに総大将の役がまわってくる」と考えていたはずである。

ところが、実際には、総大将には信長の嫡男信忠がなり、光秀は信長の親衛隊的な役割で出陣することになったのである。しかも、光秀よりは格下であった滝川一益が武田勝頼を討つ手柄を立て、上野一国、信濃二郡を与えられ、「関東管領」というポストにもついている。光秀が、「信長から疎外された」、あるいは「干された」と思っても不思議ではない状況であった。

おそらく、この甲州攻めの部署決定から、光秀は、織田軍団の中での自分の地位が次第に揺らいできたことを感じとったであろう。そして、その思いは、追放されるかもしれないという不安、「捨て殺し」の恐怖へと拡大していってしまったのではないかと思われる。

石山本願寺攻めにはかばかしい成果をあげなかったという理由で追放された佐久間信盛・信栄の例、加賀制圧に失敗して失脚した簗田広正の例などが頭をよぎったかもしれない。

事実、こうした具体例をいくつもあげて、前途の絶望による反逆を試みたとする説もあるわけであるが、私は、これが主たる理由だったとはみない。むしろ、不安感・恐怖感をかきたてたとしたら、それは、ライバル秀吉との出世競争からきたものではなかったかとみている。そこでつぎに、秀吉との関係について検討してみたい。

秀吉への焦り

光秀と秀吉の二人が、織田軍団の中の〝途中入社組〟として、いかにはげしい出世競争をくりひろげてきたかについては、すでにみた通りである。信長はそれをあおり、二人の競争によって信長の版図《はんと》が急速に拡大していったことは事実であった。

天正九年（一五九一）二月二十八日の京都での馬揃えのときには、秀吉が中国攻めで出ていたので、光秀が総括奉行をつとめており、光秀の方が上だったとの印象をうける。しかし、これとても、たまたま秀吉が馬揃えに参加できなかったためにそのようになったという側面もあり、もし、秀吉が馬揃えに参加できていれば、総括奉行を光秀がつとめたかどうかはわからない。とにかく、二人は拮抗していたのである。

さきに、天正十年二月の甲州攻めの部署決定で光秀がショックをうけたといったが、同年五月、まさに本能寺の変直前に光秀に申し渡された信長の命令も、それに劣らないほどのショックだったのではないかと思われる。

このときの、光秀に申し渡された信長の命令書というものは残念ながら現存しない。わずかに、『信長公記』に、「維《（惟）》任日向守・長岡与一郎・池田勝三郎・塩河吉大夫・高山右近・中川瀬兵衛、先陣として出勢すべきの旨仰出され、則、御暇下さる」とあるだけである。

ところが、『明智軍記』は、何を典拠にしたものか不明であるが、このときの信長の命令をもっと詳細に記し、それに対する光秀家臣たちの反応についてもふれている。ほかに傍証史料がないので、事実であるかどうかの認定には慎重でなければならないが、参考としてつぎに読み下しにして引用しておきたい。

> ……書付ヲ以テ触ラレケルハ、池田勝三郎・同紀伊守・同三左衛門・堀久太郎・惟任日向守・長岡兵部太輔・同与市郎・同頓五郎・中川瀬兵衛・高山右近・安部仁右衛門・塩川伯耆守・同吉大夫、右十三頭ハ急キ支度ヲ致シ、来月朔日・二日ニ郷里ヲ立テ、備中国へ馳下リ、秀吉ガ指図ニ任ス可キナリ。信長公・信忠卿ハ五、七日中ニ京都迄出陣有テ、諸軍ヲ集メ、来月八日ニ都ヲ出陣シ、中国へ下向有可キ也トゾ書レケル。惟任ガ臣下共此触状ヲ見テ、大キニ怒テ申ケルハ、既ニ当家ハ一方ノ大将トシテ、京極・朽木ヲ始メ、宗徒ノ人々十八人組下ニ之有ル処ニ、此触状ニハ次第不同ノ端書モナク、光秀仮名ヲハ半ニ載ラルヽ事、無法ノ儀ニ非ズヤ。剰《あまつさえ》、秀吉ガ指図ニ任ス可キ旨、奥書ニ記サルヽ事、旁以テ無念ノ次第也。

このとき、光秀がそのまま備中国に行って秀吉の下に入ることになっていたのか、あるいは、但馬から出雲の方に出ていくことが指示されていたのかについては意見が分かれている。しかし、そのいずれであったにせよ、中国方面軍管区司令長官は秀吉なので、光秀はその下につくわけである。

「秀吉に勝った」と思っていた光秀が、ここにきて、「秀吉に負けた」ことを強く意識することになったはずで、この光秀の思いも本能寺の変を引きおこす副次的理由になった可能性はある。

四国長宗我部問題

出世競争に勝ったとか負けたといった次元でなく、もっと根本的なところで、二人の思惑がぶつかりあう問題がもちあがっていた。それが四国長宗我部《ちょうそかべ》問題である。

長宗我部氏は、元親《もとちか》のとき、急速に版図を広げ、土佐《とさ》一国を平定し、さらに阿《あ》波《わ》・讃岐《さぬき》・伊予《いよ》へと勢力を拡大していった。単に合戦に強いというだけでなく、外交感覚もすぐれたものをもっていて、早くも天正三年（一五七五）には信長に好《よし》みを通じている。このときは、信長も阿波の三好氏と対立しており、両者にとって、遠交近攻策型の同盟として意味のあるものだったのである。

そして注目されるのは、天正三年の同盟のとき、信長が元親の子弥三郎《やさぶろう》の烏帽子《えぼし》親《おや》となって「信」の一字を与えて信親《のぶちか》と名乗らせたとき、その取次役をつとめたのが光秀だったのである。光秀の重臣の一人斎藤利三《としみつ》の妹が長宗我部元親の室になっていたからといわれている。

このあと元親は、光秀を介して信長と結びつく形をとったのである。そのまま推移していれば何の問題もなかった。ところが、天正九年（一五八一）六月に至って、元親と信長が断交するという事態になってしまったのである。取次役としての光秀の面目丸つぶれといった形である。

その理由については、元親の四国制覇の勢いに信長が脅威を感じはじめたとか、前年の石山本願寺との講和によって信長の側に路線変更があったとかいろいろいわれているが、一つの大きな要因として、秀吉の動きがあったとする解釈がある。

藤田達生氏は、「織田政権から豊臣政権へ—本能寺の変の歴史的背景—」（『年報中世史研究』二十一号）で、つぎのように指摘する。

> ……秀吉は、中国方面の最高指揮官としての地位にあった。当該期において彼は、信長の子息秀勝《ひでかつ》を養子として信長の信頼を得るとともに、後継者と考えて甥の秀次《ひでつぐ》を三好康長《やすなが》の養子としていた。したがって秀吉が、康長の阿波回復への意志を汲み、信長に四国政策の変更を働きかけた可能性はきわめて高いのである。

この藤田氏の指摘は卓見と思われる。信長は三好氏による阿波支配を支持することになり、阿波を併合しようとしていた長宗我部元親とは断交した。

おそらく、光秀は、この信長による四国政策の転換の過程を通して、信長がそれまで以上に秀吉寄りの態度を取りはじめたことを痛感したであろう。かなり神経的に参っていたのではなかろうか。

なお、藤田氏は、同論文で、足利義昭が光秀に指令してクーデターを起こさせて織田政権を転覆させたととらえている。他にも、義昭の指令というわけではないが、幕府の再興にかける義昭の存在を意識して蹶起《けっき》におよんだとする解釈をする人は結構いる。

しかし、私は、足利義昭黒幕説には反対である。光秀一人の判断と決意で謀反におよんだものとみている。

4 本能寺の変

六月一日の光秀と信長

天正十年五月は小の月で、二十九日が晦日でつぎの日は六月一日である。信長は、前に述べたように、五月二十九日に、わずかの伴を従えただけで安土をたち、その日のうちに京に入り、いつも宿所としていた本能寺に入った。

もっとも、このころの本能寺は、現在の本能寺とは場所がちがっていて、北は六《ろっ》角通《かくどおり》、南は錦《にしき》通、東は西洞院《にしのとういん》通、西は油小路《あぶらこうじ》通に囲まれた形の一画で、その一部が本能寺小学校の校地となり（現在は廃校）、その片隅に「此附近　本能寺址」の小さな石碑がたてられている。およそ東西一町余（約一四〇メートル）、南北二町余（約二七〇メートル）という広大な寺域をもっていた。

寺ではあるが、まわりには堀をめぐらし、土塁が築かれ、門もしっかりしていたし、城郭寺院というか、寺院城郭というか、とにかくちょっとした城構えになっていた。

六月一日、信長はこの本能寺の書院で茶会を催した。この茶会は、博多の豪商島《しま》井《い》宗室《そうしつ》を正客とし、信長秘蔵の名物茶器を披露するのが目的だったので、わざわざ安土からたくさんの名物茶器を運ばせていたのである。

ところが、どういうわけか、『信長公記』には、この茶会のことは記されておらず、どういう名物茶器が本能寺に運び込まれていたのかの記載がない。しかし、幸いなことに、『仙茶集』などによって、九十九《つくも》茄子《なすび》・珠光小茄子・紹鷗白天目・小玉澗の絵、蕪《かぶら》なしの花入、宮王釜など、三八種にもおよぶ名物茶道具が、この日、本能寺において披露されたことがわかる。

中国への出陣を前にした息ぬきということになろうが、信長がわずかの伴しか従えなかったのは、この茶会が上洛の一つの目的でもあったからではないかと思われる。信長は、「茶会の平和」ということを考えていたのではなかったろうか。

なお、この茶会は、本能寺の変とのからみで、作家の方たちには注目されている。『月刊現代』の一九九五年七月号に掲載された、私と作家の中津文彦氏、同じく作家の羽山信樹氏の鼎談「日本史探偵団　本能寺の謎に迫る」で、中津氏はつぎのように発言しているのである。

中津　……六月四日、五日ごろには毛利攻めの準備が整うはずだった。そうなれば、少なくとも七、八千人の軍勢を率いて上洛していたでしょうから、本能寺の変など起きるはずがなかった。ところが、その直前のタイミングを狙って何者かが信長をおびき出したんじゃないか。そのエサに使われたのが茶器だったんじゃないか、と思うんです。名物茶入の「楢柴《ならしば》」ですね。……一日の茶会では宗室を正客に据えているでしょう。近衛前久らの公家たちが居並ぶ席で、一介の商人を正客にしたというのは普通ではありませんよ。信長に、あわよくば「楢柴」もわが手中に、という下心があったからだろうと思うんです。

また、作家の新井英生氏も、「堺の豪商黒幕説」(『歴史と旅』一九九五年四月号)の中で、「茶頭の一人として、信長の〝楢柴〟に対する執心ぶりを熟知していた津田宗及が、この名物を餌に信長謀殺を企てたのではないかと思える」と述べてお

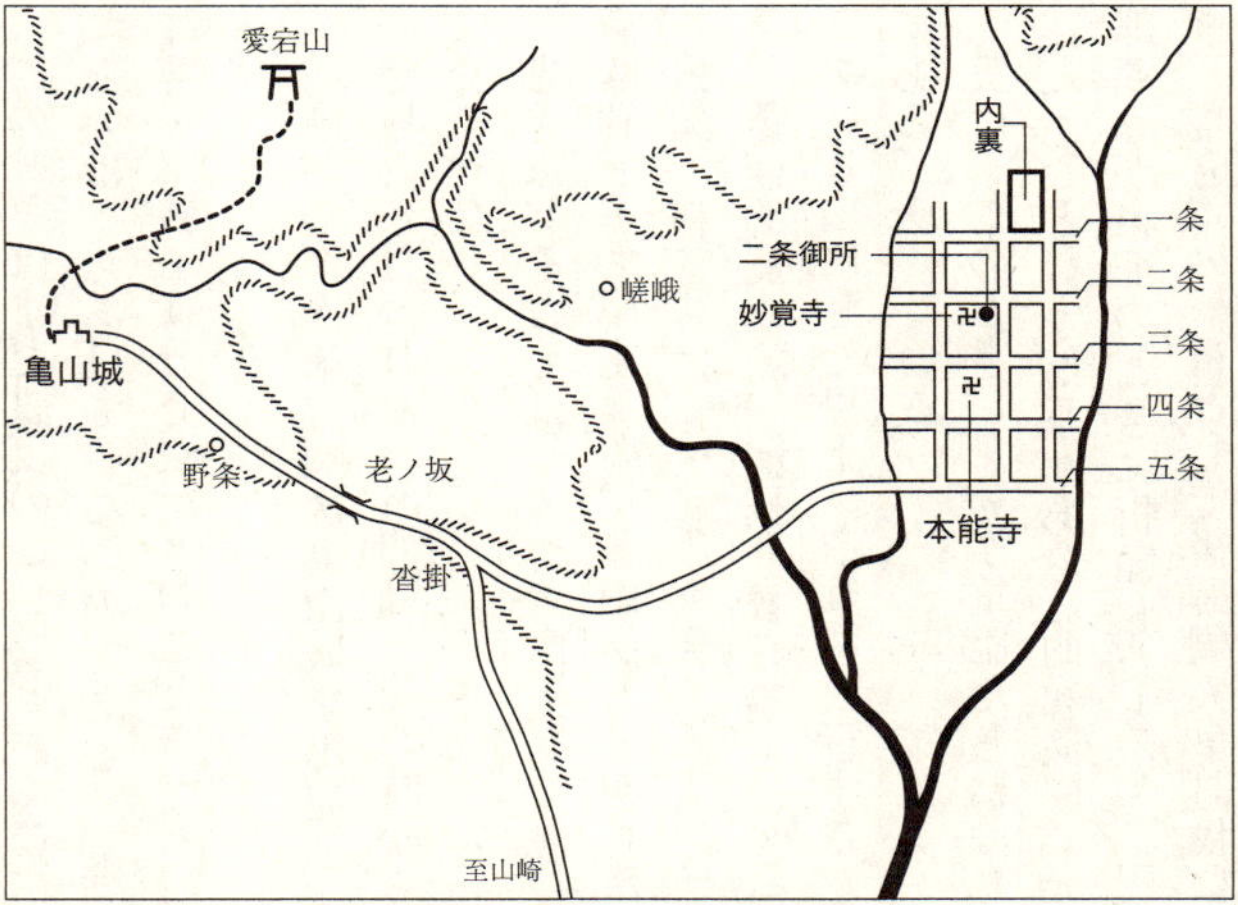

亀山城から本能寺までの道程

り、「天下三肩衝《かたつき》」の一つといわれる名物茶器の楢柴が、信長誘い出しの道具に使われたとする見方を示している。確実な証拠はないが、ありうる話ではある。

名物びらきの茶事が終わって、酒宴になり、信忠が宿所である妙《みよう》覚《かく》寺《じ》にもどったのは、すでに真夜中になってからのことであった。信長は、本因坊算砂《ほんいんぼうさんさ》と鹿塩利賢《かしおりげん》との囲碁の対局をみて、床についた。

いっぽう、明智光秀の方であるが、六月一日、申の刻というから午後四時から五時ごろ、家中の侍大将や主だった物頭を集めて、すぐ準備をし、準備ができ次第出発することを命じている。

このときはまだ謀反のことなどおくびにも出さない。重臣たちにも出陣の本当のねらいはうちあけていないのである。「森蘭丸から使いがあり、信長様が明智軍の陣容・軍装を検分したいとのことだ」と説明しているが、もちろんこれはうそである。

準備ができ次第、順次亀山城を出発し、途中、野条《のじょう》（亀岡市篠町）というところで勢揃いが行われた。時間は午後八時から九時ごろである。兵はおよそ一万三〇〇〇であった。

光秀は、そこではじめて重臣たちに謀反のことを告げている。女婿の明智秀満、斎藤利三、溝尾庄兵衛、藤田伝五《でんご》、明智次右衛門らである。

秀満・利三らにしても、光秀の思いきった決断には驚いたらしい。危惧する意見、積極的賛成論、消極的賛成論、いろいろとあったと思われるが、「殿がこのことを一旦口にした以上、それを決行するしかない」というところに落ちついたようである。

実は、このとき、光秀が重臣たちにはじめて自分の決意を語った場所が、篠《しの》八幡宮だったという伝承がある（明智滝朗『光秀行状記』）。篠八幡宮といえば、八幡太郎義家《はちまんたろうよしいえ》が東征のときに祈願したという由緒をもち、また、元弘・建武の争乱のとき、幕府軍の一員として後醍醐天皇討伐に伯耆へ向かった足利尊氏が、この篠八幡宮において討幕方になることを決意した、源氏にとっては意味のある神社であった。

篠八幡宮に語り伝えられる伝承が事実とすれば、ますます光秀は、源氏の人間として、悪虐な平氏の信長を討つという図式がより鮮明となる。光秀は、このとき、自らを六波羅《ろくはら》探題攻略に向かう足利尊氏になぞらえたのではなかろうか。

野条からだらだら坂をのぼって老ノ坂《おいのさか》の峠の山頂に到着したのが午後十時から十一時ごろで、ついで十二時ごろ沓掛《くつかけ》に至った。ここで全軍小休止をして、夜中の食事をとっている。そして、そのころ、日付は運命の六月二日へと変わった。

「今日よりして天下様にお成りなされ候」

沓掛は京都への道と西国への道との分岐点であった。侍大将や物頭たちには、「信長様に明智軍の陣容と軍装をおみせする」とは説明していても、もし、中に一人でも光秀軍の行動に不審を抱く者がいて本能寺に先に注進されてしまっては、それまでの努力も水の泡になってしまうので、光秀は、家臣の一人天野源右衛門《あまのげんえもん》を先発させ、「不審な者を発見したらかまわず切り捨てよ」と命じている。

六月二日午前二時ごろ、本隊は桂川に到着した。そこで新しい命令が出されている。馬の沓《くつ》をはずし、徒歩の足軽たちに対し足半《あしなか》というつまさき部分だけの草鞋《わらじ》にはきかえさせ、しかも、鉄砲の火縄に火をつけさせているのである。

ふつう、馬の足には、ひずめの保護のため藁沓をはかせていた。それをはずということは実戦態勢に入ることを意味する。足半をはくこともそうだし、火縄に火をつけるということも、敵が近いという場合のみの行為である。

信長の軍装検査に向かうとのみ思っていた兵たちは、「これから何があるのだ」と、このときの命令を聞いたものと思われる。

光秀も、これ以上、計画を秘匿しておくことはできないと判断し、渡河を終えたところで、はじめて、本能寺の信長、妙覚寺の信忠を襲撃する旨を触れさせている。頼山陽の有名な詩「本能寺」で広く知られた「我が敵は本能寺にあり」である。

このときの触れとしては、何が典拠だったかわからないが、『川角太閤記』の伝える、「今日よりして、天下様にお成りなされ候間、下々草履取り以下に至るまで勇み悦び候へとの触れなり。侍どもは、彼の二カ所にてのかせぎ、手柄、この度の儀にて候」というのが一番真実に近いのではないかとみている。この「二カ所」は、本能寺と妙覚寺の二カ所という意味である。

なかには、謀反の成功を危ぶむ考えの将兵もいたと思われるが、戦場の群衆心理は、現在のわれわれの考え方からは理解できないものがあったのではなかろうか。

あるいは、周到なマインド・コントロールが行われていたのかもしれない。とにかく、「出世は手柄次第」という声にはげまされ、全員が信長襲撃部隊へと転じたのである。

京都の町には、町と町の境に夜盗などを防ぐための木戸が構えてあり、先鋒を命じられた斎藤利三は、この木戸を開かせ、軍勢が通過しやすいようにしていた。また、一つの道筋を一万三〇〇〇の軍勢が進むと混雑して時間もかかるので、いく手かに分け、本能寺の森をめざしたのである。まだ暗かったが、京都の町は碁盤状にできていたので、迷うようなことはなかったと思われる。

午前四時ごろ、光秀の軍勢は本能寺を包囲し終わった。旧暦の六月二日というのは新暦の七月一日で、一年中で一番昼が長いころで、夜明けも早い。ちょうど、夜が白みかけてくる時間であった。あまり早く到着しすぎても相手に気づかれてしまい、夜戦だと敵を討ち損ずることも多いし、味方の犠牲も出る。夜が白みかけるころちょうど到着するというのも、いかにも緻密な光秀らしい行動である。

全軍揃ったところで、一斉攻撃の命が下され、鬨《とき》の声をあげて、土塁・塀を乗りこえて寺内に乱入していった。

信長は夜半過ぎに床についたということもあり、寝入りばなという感じで、熟睡をしていたが、ただならぬ物音で目をさまし、小姓の森蘭丸をよんでたしかめさせている。信長は、はじめ、家臣同士の喧嘩でもはじまったものと思ったようである。

しかし、森蘭丸の報告は、明智勢が攻めてきたというものであった。『信長公記』では、そのとき一言「是非に及ばず」といったとある。『信長公記』の記載によると、そのあと信長は自ら弓を射かけたが、弦が切れたので、今度は槍で戦ったという。そして、敵の槍によって肘に怪我を負ったので、これ以上の防戦は無理と判断し、奥の間で切腹して果てたとする。

信長の最期としては、この『信長公記』の記述がよく知られており、大略はその通りであったと思われる。

しかし、本能寺近くにあった南蛮寺、すなわちイエズス会の教会にいた宣教師もこのときの情景を目撃していたものとみえ、それらの証言によって記述されたと思われるルイス・フロイスの『日本史』5には、つぎのように記されている。

……御殿《本能寺》には宿泊していた若い武士たちと奉仕する茶坊主と女たち以外には誰もいなかったので、兵士たちに抵抗する者はいなかった。そしてこの件で特別な任務を帯びた者が、兵士とともに内部に入り、ちょうど手と顔を洗い終え、手拭で身体をふいている信長を見つけたので、ただちにその背中に矢を放ったところ、信長はその矢を引き抜き、鎌のような形をした長槍である長刀という武器を手にして出て来た。そしてしばらく戦ったが、腕に銃弾を受けると、自らの部屋に入り、部屋を閉じ、そこで切腹したと言われ、また他の者は、彼はただちに御殿に放火し、生きながら焼死したと言った。だが火事が大きかったので、どのようにして彼が死んだかは判っていない。我らが知っていることは、その声だけでなく、その名だけで万人を戦慄せしめていた人間が、毛髪といわず骨といわず灰燼に帰さざるものは一つもなくなり、彼のものとしては地上になんら残存しなかったことである。

信長の死と二条御所の戦い

このフロイスの『日本史』の最後の部分にみえるように、信長の遺骸は本能寺の焼け跡からは発見されなかった。したがって、光秀は、本当に信長を討ち果たしたかどうかの確信はもてなかったと思われる。

しかし、本能寺が完全に焼け落ち、信長につき従って防戦をした信長近臣のほとんどが殺された段階で、とりあえず、謀反はうまくいったと考えたろう。

ちなみに、このとき、本能寺にいた人数であるが、『当代記』が一五〇人とするのが一番多い。『兼見卿記』や『言経卿記』によると、本能寺で殺された信長家臣の数を七、八〇人としている。うまく逃げのびた者もいるので、襲撃されたときにはせいぜい一〇〇人ぐらいだったのではなかろうか。一万三〇〇〇の兵に対し、わずか一〇〇人では戦いにならない。

光秀軍がつぎに向かったのは妙覚寺である。光秀は、信長が本能寺を、嫡男の信忠が妙覚寺を宿所としていることは事前にキャッチしていたものとみえ、はじめからこの二寺を攻撃目標としていた。

光秀としては、信長だけを殺しても、あとを、そのころ二十六歳の青年武将に成長していた信忠がそのまま継いだのでは、悪虐を阻止することにはならないと判断し、信忠をもそのターゲットに加えたのであろう。

妙覚寺の信忠のもとには、京都所司代の村井貞勝から、本能寺が光秀に襲われたとの情報が入っていた。妙覚寺は本能寺の北々東およそ一キロほどのところにあったので、信忠は手兵五〇〇ほどを率いて本能寺に向かおうとしたが、圧倒的多数の敵兵にさえぎられて本能寺の信長に合流することができず、二条御所に入った。

二条御所は二条城ともいった。のち、徳川家康が慶長七年（一六〇二）に築いた二条城と区別して旧二条城とか二条古城ともよばれるが、信長が永禄十二年（一五六九）、新将軍足利義昭のために築いた城である。のち、信長が正親町天皇の皇子である誠仁親王をそこに住まわせたことから、二条御所とよばれていた。

光秀の軍勢が本能寺の囲みを解いたのは午前八時ごろといわれている。そのころ、信忠が二条御所に入っていたのを知っていたので、光秀の軍勢は今度は二条御所に攻撃をかけた。

このとき、二条御所には誠仁親王がいたので、信忠は光秀に親王の救出を要請し、光秀もそれを了承したので、誠仁親王は外に出、それから本格的な戦いとなり、結局、二条御所も落ち、信忠は自刃した。

この信長・信忠父子の死によって、光秀の謀反は成功したのである。その後、光秀の軍勢は、信長与党探索にあたっている。

第七章
山崎の戦いと光秀の死

1　光秀にビジョンはあったか

その後の光秀の行動

京都における信長残党の探索が一段落したとみた光秀は、勝龍寺城に京都の押さえとして家老の溝尾庄兵衛を残し、自らは軍勢のほとんどを引き連れて近江の大津を経て瀬田に向かった。

この光秀の行動からみると、この日のうちに信長の居城である安土城に入り、信長の軍資金を押さえるとともに、信長の本拠地安土において、信長後継者としての自己の立場を内外にアピールしようと考えていたように思われる。

ところが、早くも、その光秀のもくろみはくずれている。瀬田橋を守っている瀬田城主山岡景隆を味方にしようとしたが失敗し、景隆は橋を切って落とし、甲賀郡へ逃げてしまったのである。

瀬田橋は、安土へ行くにはなくてはならない橋で、小人数ならば舟を使って琵琶湖から入ることもできるし、川下を迂回して行くことができるが、一万余の大軍では、橋がないことにはどうすることもできなかった。実は、光秀はこの瀬田橋の復旧をまって三日間損をしている。この三日のロスがなければ、事態はどうころんだかわからないという側面もあった。

その日は仕方なく、自分の居城である坂本城に入ったが、安土城に入るのと坂本城に入るのとでは、世間に与えたインパクトは大きくちがっていたとみてよい。

坂本城に入ってからなのか、あるいはその途中であったものか、光秀は積極的な手紙戦略をくりひろげている。一つは、信長の家臣だった部将に、信長父子を倒したことを報ずるとともに、自軍へ味方するよう求めたものである。

どういうわけか、今日、その文書が文面として伝わるのは、さきにふれた六月二日付の西尾光教宛のものだけである。この西尾光教は結局は光秀に味方しなかったが、このような形で、かなり多くの手紙攻勢がかけられたものと思われる。

もう一つは、信長と敵対していた勢力への報告と協力要請である。信長を敵として戦っていた戦国大名たちにしてみれば、いわば光秀は救世主みたいな存在である。そうした信長に敵対していた勢力と手を結ぶことによって、予想される信長家臣、たとえば柴田勝家、羽柴秀吉らとの戦いを有利にもっていこうと考えたのであろう。光秀は、ただ信長・信忠父子を殺すことだけが目的だったのではなく、「ポスト信長」の戦略もにらんで行動していたことがわかる。

その例としてよく知られているのが、六月二日付の小早川隆景宛の書状である。あとの私の論述ともかかわってくるので、ここで読み下しにして引用しておきたい。原文書はなく、これは国立公文書館内閣文庫に所蔵されている『別本川角太閤記』に収められているものである。

急度、飛檄をもって言上せしめ候。今度、羽柴筑前守秀吉こと、備中国において乱妨を企て候条、将軍御旗を出だされ、三家御対陣の由、誠に御忠烈の至り、ながく末世に伝うべく候。然らば、光秀こと、近年信長に対し、憤りを抱き、遺恨もだしがたく候。今月二日、本能寺において、信長父子を誅し、素懐を達し候。かつは将軍御本意を遂げらる丶の条、生前の大慶、これに過ぐべからず候。この旨、宜しく御披露に預かるべきものなり。誠惶誠恐。

六月二日　　　　惟任日向守

小早川左衛門佐殿

この光秀書状は、怨恨説を主張する人によく使われている。それは、文中、光秀がなぜ謀反におよんだのかという点について、「光秀こと、近年信長に対し、憤りを抱き、遺恨もだしがたく候」と、遺恨によって「素懐を達し候」といっているからである。

これほどはっきりと光秀が謀反の理由をいっている例はなく、この文書をベースにすれば、怨恨説が正しいということになる。

この文書について、高柳光寿・桑田忠親両先学も疑問はないとしている。桑田氏は『明智光秀』の中で、「後人の偽作と断定するには、余りにも文章が見ごとである。自然味があるし、理に叶っている。そのせいか、従来、だれも偽書と主張した学者はいない」と述べているほどである。

しかし、私は、この文書は偽文書だと考えている。理由は簡単である。光秀の文書は、現在一三〇通ほどその存在が知られているが、他の光秀文書の書きっぷりと、この小早川隆景宛の文書が著しくちがうからである。

細川父子宛の光秀覚書

六月三日・四日の二日間は、光秀は坂本城にあって、信長部将たちの勧降工作および戦国大名として信長に対抗していた勢力に対して工作を行い、同時に兵を出して近江のかなりの部分を平定している。

そして、ようやく五日、瀬田橋の修理が終わったところで、自ら兵を率いて安土城入りを果たしている。安土城の留守を守っていたのは日野《ひの》城主の蒲生《がもう》賢秀《かたひで》らであったが、賢秀は、本能寺の変のしらせを聞いて、信長の側室や子どもたちを自分の居城である日野城に避難させていたので、安土城では戦いがなく、光秀は楽々と入城できた。そのあと、光秀に味方してきた京極高次《きようごくたかつぐ》・阿閉貞征《あつじさだゆき》らに命じて、秀吉の本拠の地である長浜城を攻め、これも接収し、そこには斎藤利三を入れた。

七日、安土で、勅使となって来訪した吉田兼見と面会したが、そのとき、誠仁親王が京都の経営を光秀にまかせるという旨を光秀に伝えている。これは、光秀が朝廷から認められた動きとして注目してよい。光秀の胸の中に、「自分は単なる謀反人ではない」という思いが芽ばえはじめたものと思われる。

九日、光秀は上洛して、朝廷に銀子五〇〇枚、五山や大徳寺に各一〇〇枚を贈っている。朝廷への献金は、勅使派遣に対する礼ということであるが、政治工作資金としての意味あいをもっていたこともうかがわれる。兼見も五〇枚を受けとっている。

さて、朝廷工作では、まずまず順調に推移している感じのあった光秀であるが、そのころすでに内部では問題も生じはじめていた。当然、まっさきに馳せ参じてきてよいはずの武将が、なかなか集まってこなかったからである。

光秀は「近畿管領」というポストにあったこともあり、畿内・近国の武将たちが光秀の与力として、その指揮で動くことが多かった。丹後の細川藤孝・忠興父子、大和の筒井順慶らがその代表格である。しかも、光秀と細川藤孝は足利義昭の近臣時代からのつきあいであり、娘の玉が忠興に嫁いでいたということもあって、光秀としては最も信頼し、また最も頼りとしていたのである。

ところが、その藤孝・忠興父子が、信長の死を知って、光秀陣営に馳せ参じてくるどころか、逆に髪を切って、信長の死を悼《いた》む行動に出たのである。これは、光秀にしてみれば全く計算はずれで、予想外の展開であった。

「藤孝・忠興父子が信長の死を悼んで髪を切った」というしらせが光秀のところにいつ入ったかはわからないが、光秀は、藤孝・忠興父子の翻意を促すべく、六月九日付でつぎのような覚書（「細川文書」『大日本史料』第十一編之一）を出しているので、それ以前だったことはまちがいない。読み下しにして引用する。

覚

一、御父子もとゆゐ御払候由、もっとも余儀なく候。一旦我等も腹立候へ共、思案候程、かやうニあるべきと存じ候。然りと雖も、この上は大身を出され候て、御入魂希う所に候事、

一、国の事、内々摂州を存じ当て候て、御のぼりを相待候つる。但し、若の儀、思し召し寄り候ハヽ、是以って同前ニ候。指合きと《（急度）》申し付くべく候事、

一、我等不慮の儀存じ立て候事、忠興など取り立て申すべきとての儀ニ候。更に別条なく候。五十日、百日の内ニハ、近国の儀、相堅めるべく候間、以後

者、十五郎、與一郎殿など引き渡し申候て、何事も存ず間敷く候。委細両人申さるべく候事、

以上

六月九日

光秀（花押）

ここに、このころの光秀の心情がよく表れている。第一条目で、藤孝・忠興父子が髪を切ったというのを聞いて、光秀が腹を立てたことがわかる。当然すぐ馳せ参じてくると思っていたのが、あてがはずれたことから怒ったわけで、その気持ちはわからないではない。

二条目で、光秀は藤孝・忠興父子に軍事行動を共にするよう懇願している。おそらく光秀も、細川父子が動かなければ他の武将と戦ったとき、勝ち目がないと考えていたのであろう。

そして注目されるのは第三条である。ここに、光秀がどうして「不慮の儀」、すなわち信長を殺すなどということを考えたのかについての述懐が記されている。それによると、女婿の忠興を取りたてたかったからだという。

これは、おそらく光秀の本心ではないだろう。なかなか味方をしてこない藤孝・忠興父子に翻意させるための、とってつけた理由だと思われる。なお、この三条目にみえる「十五郎」は光秀の嫡男で、「與一郎」は忠興のことである。

「五十日、百日ほどで平定したら、そのあとは子どもたちの世代にまかせたい」といっているわけで、この文面でみるかぎり、本能寺の変をおこした光秀にはこれといったビジョンがなかったことになるが、さきにもいったように、藤孝・忠興父子を味方につけたい一心で、必ずしも本心をいっているものとは思えない。光秀にビジョンがあったのかなかったのかについては、他の史料の検討によってみるしかないように思われる。

足利義昭との関係

ビジョンという点でかかわってくるのは、信長と敵対していた戦国大名との共同行動の計画があったかどうかである。連携プレーといってもよいが、この点では光秀はきわめて慎重だった。

それは、心を許せるはずの重臣たちにも、信長を討つ計画のあることをうちあけたのが前日の夜、まさに決行の数時間前だったということからも明らかである。事前に、戦国大名に打診をしたり、根まわしをしたということは考えられない。事実、事前の根まわしのようなことをうかがわせる史料は一点もない。

そのかわり、信長・信忠父子を討ってからは積極的に共同行動をとるよう呼びかけていたように思われる。毛利輝元、上杉景勝、北条氏政、それに長宗我部元親には呼びかけていた可能性が大である。

そのうち、毛利輝元に呼びかけたものが、「毛利両川」といわれたうちの一人小早川隆景宛の書状として『別本川角太閤記』に収められている。しかし、この文書は、さきに指摘したように偽文書と考えられるので、現時点では一通も存在しない。このあたり、秀吉の時代を生き抜かねばならなかった諸大名が、光秀との関係を疑われることを警戒し、証拠隠滅をはかった可能性が否定できない。偶然そうした文書が残されなかったのではなく、消されたのではなかろうか。

畿内・近国を平定したあとの光秀の政権構想がどのようなものだったのか、つまり、ビジョンは何だったのかということについては、史料的には全くわからない。わずかの材料をもとに推測していくしかない状態である。

光秀のそれまでの生き方からすると、考えられることの一つは幕府の再興である。その場合、方向性としては二つあったのではないかと思われる。一つは、光秀自身が征夷大将軍に任命されて明智幕府を開くことである。美濃源氏土岐氏の一門として、源氏の人間が任命される将軍は当然の官職と考えていたろう。平姓将軍出現阻止が謀反の一つの背景としてあったと考えればなおさらである。

もう一つは、足利義昭を迎え、室町幕府を再興するという方向である。光秀がどう考えていたかはわからないが、信長・信忠父子が光秀に殺されたと知った義昭は、〝その気〟になっていたことはまちがいない。それはつぎの義昭の御内書（東京大学史料編纂所架蔵「本法寺文書」）からも明らかである。読み下しにして引用する。

信長討ち果たす上は、入洛の儀、急度馳走すべき由、輝元・隆景に対し申し遣わす条、この節、いよいよ忠功を抽《ぬき》んずべき事肝要。本意においては、恩賞すべし。仍《よ》って肩衣・袴、これを遣わす。猶、昭光・家孝申すべく候也。

（天正十年）六月十三日　（義昭花押）

乃美兵部丞とのへ

宛名の乃美《のみ》兵部丞は乃美宗勝《むねかつ》のことで、小早川隆景の重臣である。乃美宗勝から毛利輝元・小早川隆景に伝わるよう命じた内容であるが、何といっても注目されるのは、冒頭、義昭が「信長討ち果たす上は……」と、いかにも自分が信長を討ったような書き方をしている点である。

藤田達生氏は、さきに引用した論文「織田政権から豊臣政権へ—本能寺の変の歴史的背景—」で、この文書と、六月十二日付の光秀の雑賀五郷、土橋平尉《つちばしへいのじょう》宛の文書、それに六月十七日付の高宗我部（香）安芸守宛の文書をとりあげ、裏で糸を引いていたのが義昭だったとしているが、私は、光秀が義昭に操られて本能寺の変に及んだとは考えていない。

信長の死を復権の好機とみた義昭が、またぞろ、蠢動《しゅんどう》をはじめたものとみている。そうはいっても、この乃美宗勝宛の義昭御内書には、義昭自身、「入洛」の意向をもっていたことは明らかで、もし、毛利氏らがその動きを応援すれば、光秀は、この足利義昭との間に新たな対応をせまられたことはまちがいない。スムースに明智幕府の開幕とはいかなかったのではないだろうか。

2　秀吉の動きと光秀の誤算

朝廷工作の重視

瀬田橋が切り落とされてしまったため、光秀の安土入りが六月四日にずれこんでしまったことはすでにみた通りである。しかし、その光秀が五日から八日まで、四日間も安土にとどまっていたことは、やや理解に苦しむこととといわざるをえない。

安土は確かに信長の本拠地ではあるが、信長というカリスマ的な存在であったから、安土のような京都から離れた土地にあっても諸将をコントロールすることができたのである。信長・信忠父子を討ったばかりの光秀に、信長のようなカリスマ性はなく、「信長を討った。安土城の主になった」ということを天下に示すため、あるいは、信長の軍資金を奪うための入城であったならば、せいぜい一日か二日の在城でこと足りたはずである。

ところが、光秀が四日間も在城したということは、光秀には光秀なりの計算があったからであろう。では、その計算とは何であったのか。

この点も、結論からいってしまえば、朝廷から公認してもらうことであったと私は考えている。信長を討ったことが、単なる謀反・反逆ではなく、朝廷の意に添ったものとして認めてもらうことが一つ。そしてもう一つは、信長後継者としての立場を認めてもらうことである。

前者は、〝信長討伐の密勅《みっちょく》〟の後追いとしてとらえてもよいし、〝治罰《ちばつ》の綸旨《りんじ》〟の後追いとしてとらえることもできよう。光秀としては、光秀の行為を公認した勅使を、何としても信長のあの安土城で迎える必要があったのである。

六月七日、光秀が待ちに待った勅使が安土にやってきた。吉田社の神官で、神祇《じんぎ》大副の吉田兼見である。兼見は当時の公家衆の中にあっても特に光秀と親しく、この間、兼見自身が光秀への勅使派遣に積極的に動いた可能性もある。

勅使の到着が七日の申刻（午後四時ごろ）というので、光秀が勅使吉田兼見と対面したのはもう夕方であった。そのため、兼見もその夜は安土に泊まり、翌日、京都へもどっていった。光秀も八日、坂本城にもどっている。

その後の展開を考えると、二日に信長を討って、七日まで、諸将に手紙攻撃をかけたことと、近江の信長方拠点をいくつか攻めたくらいで、これといった軍事行動をとっていないし、その段どりもしていないことは、光秀の失策であったといってよい。確かに、瀬田橋が落とされ、予定が狂ったという側面があったことはまちがいないが、それにしても、当然、光秀を討ちにくるであろう敵に対しては、ほとんど手がうたれていないのが実情だった。

それは、おそらく、光秀自身の頭の中に、「朝廷から自分の行為が公認されれば何とかなる」という思いがあったからであろう。朝廷・天皇への過信といってしまえばそれまでだが、京都奉行、そして「近畿管領」として、常に公家たちと接触をもっていた光秀には、朝廷・天皇が実体以上のものにみえていた可能性はある。これは、軍事よりも政治を優先した光秀の失敗といってよいかもしれない。

そのことは、さきに引用した六月九日付で細川藤孝・忠興父子に宛てた「覚」からもうかがわれる。その中で光秀は、「五十日、百日の内には、近国を堅めることができる」といっている。要するに、「二、三カ月もすれば近国は安定する」と予測していたわけで、その時点で、光秀は、信長遺臣の誰かが自分を討ちにくるとは考えていなかったようにみうけられる。

事実、そのころの状況は、柴田勝家が越中で魚津《うおづ》城を攻め、上杉景勝方勢力と戦って身動きができない状況だったし、羽柴秀吉も備中高松城を攻めていて、やはり身動きのできない状況であった。吉川・小早川の両軍が後詰に出てきていて、毛利輝元から、その意味では、光秀の最大の誤算は、自分が畿内・近国を固める前に、秀吉が大軍を率いてもどってきてしまったことであったといわざるをえない。

予想外の秀吉の「中国大返し」

さて、そこで、本能寺の変後の秀吉の動きに目を転じてみよう。ふつう、秀吉が信長の死を知ったときの状況はつぎのように説明されている。

六月三日の夕暮時、高松城攻囲中の秀吉の陣所付近をうろついている一人の飛脚があった。秀吉家臣の手の者が怪しんで捕えてみたところ、懐中に密書を所持していた。さっそく秀吉に届けたところ、それは、明智光秀が信長を本能寺に討ち、毛利氏に協力を求める小早川隆景宛の光秀書状だった。密使が、地理不案内で、しかも暗くなって、小早川の陣所と秀吉の陣所をまちがえたからだという。

事の重大性にびっくりした秀吉は、その使いの者の首をはね、陸路・海路ともに封鎖して信長の死が毛利方に伝わらない手だてを講じ、毛利の使僧安国寺恵瓊《あんこくじえけい》をよんで、和平の交渉を急がせたという。

私も、かつてはこうした通説的理解に疑問を抱かなかった。私の本で、このような経過に沿って「中国大返し」を書いたこともある。

しかし、本書執筆の過程で、前述したように、六月二日付で光秀から小早川隆景に宛てたという『別本川角太閤記』に載っている光秀書状を怪しいと思ったとき、それと同じレベルで、この密使が陣所をまちがえたという一件も怪しいのではないかと考えるに至った。あまりに話がうまくできすぎているように感じたのである。

ところで、話が少し横道にそれるが、このときの秀吉による「中国大返し」があまりにみごとなことから、本能寺の変羽柴秀吉黒幕説なるものがあることを、ここで紹介しておこう。要するに、犯罪捜査などのときによくいわれる、「その事件によって誰が一番得をしたか」という点に照らすと、本能寺の変の結果、一番得をしたのは秀吉である。だから秀吉が怪しいという論法になる。

しかも、「備中高松城攻めをしていて、あれだけ早く撤収できたのは、秀吉が事前に事件のあるのを知っていたからだ」といういわれ方をする。

このような羽柴秀吉黒幕説が出るほど、このときの「中国大返し」は鮮やかなものであった。しかし、このことをもって秀吉を疑うのはおかしい。秀吉には、それだけの器量があったのである。

一般的な理解では、秀吉軍と毛利の吉川軍・小早川軍が対峙し、和平交渉の動きなどなく、秀吉が、信長の死を知って、大あわてで交渉に入ったととらえられているが、実際は、それ以前から交渉が進められていて、かなり大詰の段階に至っていたのである。だからこそ、六月三日夜、安国寺恵瓊との交渉で話がついたものと思われる。

なお、『明良洪範《めいりようこうはん》』という史料には、信長の家臣である長谷川宗仁《そうにん》が、秀吉に本能寺の変報を伝えたといわれている。

さて、三日夜から四日未明にかけての和平交渉は、秀吉の陣所で行われた。もちろん、秀吉は信長の死を隠しており、毛利方ではそれを知らない。講和の条件は、城主清水宗治の切腹と、備中・美作・伯耆三カ国の信長への割譲であった。毛利方も折れ、そのように決着した。秀吉にとって、備中・美作・伯耆の三カ国の割譲など、この際どうでもよい問題であったと思われるが、強気の交渉が功を奏したというわけである。

秀吉からは、四日、森高政《たかまさ》が人質として毛利の陣営に送りこまれ、毛利方からは、小早川秀包《ひでかね》に桂広繁が添えられて秀吉のところにきた。こうして、その日の正午すぎ、清水宗治は湖と化した高松城中に舟を浮かべ、その上で切腹して果てたのである。そして午後三時ごろ、誓書の交換が行われている。

もっとも、誓書の交換が行われたといっても、戦国時代の誓書などというのは破られるのが常で、秀吉としても、吉川・小早川の両軍が陣を撤するまでは動けなかったと思われる。

六日になって、吉川・小早川の軍勢が兵を引き払ったのを見届け、秀吉軍も動いた。これからが有名な「中国大返し」というわけである。とにかく、まれにみる強行軍で、一昼夜で何と五五キロを走ったこともあった。結局、六月十二日夜には、摂津の富田《とんだ》に到着していた。この秀吉軍のスピードが、光秀にとっては最大の誤算であった。

与力衆を組織できず

誤算としてはもう一つある。光秀が与力衆を組織できなかった点である。細川藤孝・忠興父子が光秀陣営に加わってこなかったことはすでにみた通りであるが、大和の筒井順慶も味方しなかった。ふつう、「洞ヶ峠《ほらがとうげ》の日和見《ひよりみ》」とか、「日和見順慶」などといわれ、筒井順慶が洞ヶ峠まで出陣し、光秀と秀吉のどちらにつくか日和見をしたとして知られているが、これは事実が逆である。

事実は、光秀の方が六月十日、なかなか出てこない順慶の出馬を促すため、洞ヶ峠まで出馬し、そこで順慶の到着を待ったというのが正しい。

その他、そのころ、光秀の与力衆としての扱いをうけていたのが、摂津の中川清秀、高山重友、そして池田恒興である。高山重友は高山右近《うこん》の名の方が知られている。この三人は摂津衆といったいわれ方をする。

これら与力衆は、光秀の家臣というわけではない。身分的には光秀と同じ立場で信長の家臣である。しかし、合戦などのとき、大身の光秀の指揮に従うという関係であった。したがって、このときも、光秀が謀反をおこしたからといって、その軍事指揮下に入らなければならない必然性はなく、ある意味では自由な立場にあったわけである。のちの例ではあるが、天正十一年（一五八三）の賤ヶ岳《しずがたけ》の戦いのとき、柴田勝家の与力だった前田利家が、戦いの途中に自己主張をし、戦線を離脱したことなどはその例である。

ただ、本来的には、光秀とこれら与力衆とは、他の部将たちとは少しちがう、個人的なというか、人間的なつきあいもあって、他の部将とはちがっていたはずである。光秀としては、さきの細川藤孝・忠興父子、筒井順慶らと同じく、「当然味方するはず」と考えていた節がある。

しかし、摂津衆は光秀陣営に加わってこなかった。もちろん、光秀が手をこまねいていたわけではない。キリシタン大名である高山重友には、宣教師のオルガンティーノを使って説得させたりしているので、努力はしたものと思われる。ところが、その努力はむくわれなかったのである。ここにおいても、やはり、六月七日まで安土にいて、主に朝廷工作に時間を費やしすぎたことが悔まれる事態となった。

光秀が攻撃目標を見定めることができず、右往左往している間に、秀吉は着実に布石を打っていった。このあたり、ある意味では秀吉が俄然《がぜん》有利である。とにかく、ターゲットは光秀なのである。

秀吉は「中国大返し」で、光秀打倒に燃えて畿内にもどってくるが、その途中、摂津衆にも参陣をよびかけていた。光秀の与力《よりき》衆に対する切り崩し工作をはじめているのである。

一番有名なのは、秀吉が、摂津衆の一人中川清秀に対し、「信長殿は明智光秀の襲撃をきりぬけて無事である。一緒に光秀を討とう」と誘っている文書である（「梅林寺文書」）。

おそらく、情報がまだ混乱していることをみこして、このようなうその情報を届けたのだろう。こうしたうそが書かれている文書を謀書とよんでいるが、秀吉は、ときとして、このようなはったりをかますことを平気でやっている。謹厳実直な光秀にはこうした芸当はできなかったのではなかろうか。

こうして、いよいよ、六月十三日、山崎の戦いの当日を迎えるのである。

3 敗走そして死

山崎の戦いの経過

光秀は、秀吉軍を京都で迎え撃つことはまずいと考えていた。京都を戦場にすることは避けたいと思ったのと、やはり、朝廷・天皇を掌中の玉として自分の手の中に握っていたいという思いがあったのであろう。

西国から駆けつけてくる秀吉軍を迎え撃つには山崎のあたりが最適と考えた。そこは、京・大坂のほぼ中間点であり、天王山《てんのうざん》と淀川とにはさまれた隘路《あいろ》となっていて、防戦するにはもってこいの地形だったからである。

実際の山崎の戦いといわれている両軍の激突は十三日であるが、その前日、早くも山崎周辺では両軍の先鋒同士の小競りあいははじまっていた。

秀吉軍の先鋒は、池田恒興・高山重友・中川清秀といった摂津衆である。これは何とも皮肉なことといわねばならない。本来なら、光秀軍の先鋒となって秀吉軍を防ぐべく期待されていた光秀の与力衆が、逆に、秀吉先鋒として、光秀軍に戦いを挑む形なのである。

もっとも、当時は、たとえば寝返ってきたばかりの部将を最前線に置いて、その忠誠度を試すということは一般的に行われていたので、このときの布陣は、いってみればセオリー通りだったのかもしれない。

翌十三日、いよいよ合戦の当日である。光秀は下鳥羽《しもとば》から御坊塚《おんぼうづか》に本陣を移し、天王山麓を進んでくる秀吉軍に備え、円明寺《えんみようじ》川の自然堤防背後の低湿地に布陣した。『太閤記』では、このときの光秀の軍勢を一万六〇〇〇としているが、本能寺の変のときの一万三〇〇〇からふえた形跡はなく、むしろ、近江の安土城・坂本城・長浜城にも兵を残しているので、せいぜい一万ほどではないかと思われる。

それに対する秀吉側であるが、秀吉本隊が約二万、それに織田信孝四〇〇〇、丹羽長秀三〇〇〇が加わり、さきにふれたように、光秀の与力だったにもかかわらず秀吉側についた池田恒興五〇〇〇、中川清秀二五〇〇、高山重友二〇〇〇で、合計三万六五〇〇という大軍にふくれあがっていた。

仮に、光秀与力の摂津衆三人が、秀吉側ではなく光秀側についていれば、軍勢の数では光秀軍も遜色はなかったわけで、摂津衆を味方にできなかったことが、ここにきて、戦局を圧倒的に秀吉有利な状況にしてしまったわけである。

『太閤記』では、この日、午前六時ごろから天王山の争奪戦がはじまったかのように書かれているが、実際は、『兼見卿記』によって、申の刻、すなわち午後四時ごろ戦闘がはじまったことがわかる。

光秀軍の最前線の一つで、天王山東麓に布陣していた並河易家《なみかわやすいえ》・松田左近《さこん》隊が、中川清秀・黒田孝高《よしたか》・神子田正治《みこだまさはる》ら秀吉軍の先鋒に攻撃を仕懸けたのが開戦の合図となり、両軍の本格的な戦闘となった。

ところが戦いがはじまって少しして、光秀軍の最前線のもう一隊斎藤利三隊が秀吉軍の池田恒興隊、加藤光泰《みつやす》隊らに包囲され、孤立状態となり、その乱戦の中で斎藤利三隊が敗れ、斎藤隊が崩れはじめたのである。

光秀家臣の中でも、最も勇猛な部将として知られ、それだけに、光秀としても一番頼りにしていた斎藤利三が敗走したことで、早くも戦いの帰趨《きすう》は決した感じであった。

光秀軍の中で最高の三〇〇〇を擁していた斎藤利三隊が崩れたことで、そのまま御坊塚にとどまることができないとみた光秀は、本陣を後方の勝龍寺城に移した。

しかし、勝龍寺城は、規模もそう大きくはなく、また平城だったので、光秀は、籠城してももちこたえることは不可能と判断し、日が落ち、暗くなるのをまって、城からの脱出をはかっている。

小栗栖で殺される

光秀が、勝龍寺城を脱出したあと、つぎにどのような手を考えていたのかはよくわからない。ただ、このとき、勝龍寺城を出て、下鳥羽に至り、さらに大亀谷《おおかめだに》を経て山科の小栗栖《おぐりす》に至っているので、近江方面をめざしていたことが考えられる。

光秀の居城の一つが近江坂本城なので、そこに籠って一戦を考えたのか、あるいは、信長の居城だった安土城に籠って秀吉に最後の抵抗をしようとしたのか、そのいずれかであろう。

負け軍のときはいつでもそうであるが、このときも軍勢が減るのは早かった。この光秀の場合は、目立つと秀吉軍の探索の手にかかると心配して、わざわざ小人数に分かれて勝龍寺城を脱出したため、特に少なかったと考えられるわけであるが、そうした事情を考慮に入れたとしても少なすぎた。

小栗栖の竹藪を通過中、落武者狩りをしていた農民のくり出した竹槍で光秀が殺されたとき、側には、近臣の溝尾庄兵衛ら五、六人しかいなかったといわれている。

負け軍になったことで、早々に光秀を見限り、逃げ出してしまった将兵がそれだけ多かったことを物語ると同時に、この時期、光秀の居城が近江坂本城と丹波亀山城と二つあったことも、結果論ではあるが、光秀には不幸なことであった。

居城が一つであれば、当然、自己の居城に籠って最後の戦いなり、再起をはかる戦いなりになる。本能寺の変のときには、亀山城から出陣しており、そのあと、光秀自身、安土城に入ったり、坂本城に入ったりしているので、全軍の意思統一がなされていなかった可能性がある。結局、光秀は、小栗栖で、農民のくり出す槍によって殺されてしまったのである。

その後の明智一族

光秀の首は、介錯をした溝尾庄兵衛によってその付近に埋められたが、すぐに農民にさがし出されてしまい、掘りおこされて秀吉のもとに届けられた。秀吉は早速、光秀の首を取ったことを諸方に知らせるとともに、それを本能寺の焼け跡にさらしている。信長に、仇討ちを果たしたことを報告する秀吉の計算されたパフォーマンスである。

翌十四日にはまず亀山城が落とされ、十五日には坂本城も攻められている。城を守っていたのは明智秀満で、よく抵抗したが、「これ以上の防戦は無理」と判断し、城中にあった財宝すべてを秀吉方に渡した上で、自刃して果てた。このとき、秀満は、光秀の妻子、および自分の妻（光秀の娘）を刺殺した上で自刃におよんでいるので、ここで、明智一族は滅亡した形になる。

光秀が、細川忠興とともに、「国政を譲りたい」といった十五郎という男子もそこで死んでいる。なお、十五郎については病死説もある。

光秀の死にかかわって、もう一つ付け加えておかなければならないことがある。光秀生存伝説、すなわち光秀不死説である。人口に膾炙《かいしゃ》しているものとしては、「光秀はそののち天海になった」とする、光秀・天海《てんかい》同一人説である。しかし、これは話としてはおもしろいが史実ではない。

また、このように有名なものではないが、地方に落ちのび、長いこと潜伏していたというものもある。たとえば、岐阜県山県市中洞《なかほら》に伝わる伝説では、小栗栖で殺された光秀は光秀の影武者で、光秀本人は美濃の中洞に落ちのび、そこで荒深小五郎と改名して関ヶ原の戦いのころまで生きのび、子孫も残したという。

こうした有名武将の落人伝説的な不死説は、そのままに信用することはできないが、その後の人びとの光秀に対する追慕の心理をうかがう上では全く無視することはできないのではなかろうか。

少しケースはちがうが、何らかの形で明智氏の流れ、あるいは光秀の後裔であることを伝えている家もある。たとえば、幕末のあの坂本龍馬も明智の一門だという。

平尾道雄氏の『坂本龍馬海援隊始末記』に、

……龍馬の苗字「坂本」は、その祖先が近江国（滋賀県）坂本村に起こったのにちなみ、明智氏の一門だということから紋所は桔梗をもちいている（中略）。伝えによると、明智左馬之助光春の妾腹の子―太郎五郎という者が、近江国坂本落城の後、土佐へのがれ長岡郡才谷村に大浜氏を頼り、ここに二代彦三郎、三代太郎左衛門までが農業をいとなんでいた。

とみえる。ここにみえる明智左馬之助光春という名は、のちの『太閤記』や『明智軍記』にみえる名で、確かな史料には明智秀満と出てくる人物であるが、坂本家では、先祖のルーツを明智氏と考えていたことがわかる。確かに坂本龍馬の家紋は「組合せ角に桔梗紋」である。

もっとも、紋の桔梗《ききよう》と、苗字の坂本から、坂本城主明智氏、桔梗紋が結びつけられた可能性があり、このこと自体が史実であったかどうかとなると問題はある。しかし、私がここでいいたいのは、江戸時代、あれだけ「逆賊《ぎやくぞく》」のレッテルを貼られた形の明智光秀を、自分の家系にとりこもうとする意識が人びとの中にあったという点である。

光秀も、庶民レベルでは好印象をもって迎えられていたのではなかろうか。

おわりに

私が、明智光秀に関心をもつようになったのは、高校に入学したばかりのころだった。日本史が好きだった私は、クラブ活動では歴史部に入るつもりでいた。当然、そのようなクラブがあると思っていたからである。

ところが、私が入学した高校にはそのようなクラブはなかった。「なければ作るしかない」と考え、同志を募って旗上げをすることになった。

そして、最初の集まりのとき、顧問に迎えた社会科の先生から薦められたのが、本書でも何回か使わせていただいた高柳光寿氏の『明智光秀』という本だった。全員が一冊ずつ買って、毎回少しずつ皆で輪読していくという形をとったのである。

高校一年生にしては、ずいぶんむずかしい本だったという印象がある。しかし、「歴史を研究するとはこういうことなのか」「史料というのはこのように使われるのか」と、いつも、新しい発見があったように記憶している。

その後、明智光秀からは離れていたが、大学に入ったある日、神田の古書店街をぶらぶら歩いていて偶然、木版本の『明智軍記』をみつけた。そのころの私の小遣いからすると破格の金額だったと思うが、思いきって買ってしまった。いつか、明智光秀のことを研究してみたいという思いがあったからであろう。

それからまたしばらくして、光秀の研究をはじめたことがあった。ところが研究を開始して少しして暗礁に乗りあげてしまった。そのころには、これまた本書で何回か使わせていただいた桑田忠親氏の『明智光秀』が出ており、両大家の研究を乗りこえるのがむずかしく思われてきたのである。

光秀の古文書を蒐集して、古文書によって語らせる手法をとりたいと考えていたが、光秀の文書は書状が多く、年の記載がないため、いつの文書であるかを押さえることがなかなかできず、結局、途中で放棄する形で何年かがすぎてしまった。

その突破口を開いてくれたのが、明智光秀文書研究会（鬼頭寛・来栖富士夫・黒川孝宏・立花京子・福島克彦氏）の「明智光秀文書目録」（『近江地方史研究』三十一号）と、立花京子氏の「明智光秀花押の経年変化と光秀文書の年次比定」（『古文書研究』四十六号）であった。この二つの御仕事によって、それまで、何年何月何日の文書かわからなかった光秀文書が、かなりはっきりしてきたのである。

私は、これまでにも、本能寺の変の真相は何か、とか、光秀の居城坂本城のことか、ライバル秀吉との出世争いなどについては断片的に書いてきた。この際、きちっとした光秀の評伝を書きたいと考えていた。

ちょうどそのようなとき、PHP研究所の出版部の方から、「『石田三成』に続く一冊をお書き願えませんか」という話があった。〝渡りに舟〟とはこういうことをいうのだろう。その時点では、まだ自信はなかったが、「明智光秀なら書けます」と返事をしてしまったのである。

三成も歴史的にはマイナス評価の強い人物で、光秀もそうである。マイナス評価を与えられている人物の復権をはかるシリーズみたいになってしまったが、三成と同じで、やはり、敗者の正しい評伝は、誰かがいつかは書かなければならない。それは歴史家に与えられた使命でもあるのではないかと考えている。

本書で私は、光秀謀反の理由について、高柳光寿氏の野望説、桑田忠親氏の怨恨説を否定し、新しく、信長非道阻止説というものを提起した。そうした私の考えも含め、光秀の評価の仕方についても、多くの方の忌憚《きたん》のない御意見をいただければ幸いである。

最後になってしまったが、本書が成るにあたっては多くの方の学恩を得ている。御礼を申し上げ、また、本書の編集にあたられたPHP研究所第一出版部の今井章博・小林英史両氏に御礼申し上げたい。

この作品は、1998年5月にPHP新書として刊行された
『明智光秀』を改題し、加筆・修正したものである。

著者紹介

小和田哲男（おわだ　てつお）

1944年、静岡県生まれ。早稲田大学大学院文学研究科博士課程修了。現在、静岡大学名誉教授。専攻は日本中世史。文学博士。

著書に『戦国武将』『豊臣秀吉』『軍師・参謀』（以上、中公新書）、『戦国合戦事典』（ＰＨＰ文庫）、『石田三成』（ＰＨＰ新書）、『関ヶ原の戦い』『日本の歴史がわかる本』（以上、三笠書房）、『黒田如水』（ミネルヴァ書房）、『武将に学ぶ第二の人生』（メディアファクトリー新書）、『戦国の城』（学研Ｍ文庫）、『名軍師ありて、名将あり』（NHK出版）など多数。

ＰＨＰ文庫　明智光秀と本能寺の変

2014年11月19日　第1版第1刷
2020年 1 月15日　第1版第4刷

著　者　　小和田哲男
発行者　　後藤淳一
発行所　　株式会社ＰＨＰ研究所
東京本部　〒135-8137　江東区豊洲5-6-52
PHP文庫出版部　☎03-3520-9617（編集）
普及部　☎03-3520-9630（販売）
京都本部　〒601-8411　京都市南区西九条北ノ内町11
PHP INTERFACE　https://www.php.co.jp/
組　版　　有限会社エヴリ・シンク
印刷所
製本所　　図書印刷株式会社

ISBN978-4-569-76271-5

PHP文庫好評既刊

学校では教えてくれない日本史の授業

井沢元彦 著

琵琶法師が『平家物語』を語る理由や天皇家が滅びなかったワケ、徳川幕府の滅亡の原因など、教科書では学べない本当の歴史がわかる。

定価 本体七八一円（税別）

PHP文庫好評既刊

地名で読む江戸の町

大石 学 著

丸の内、後楽園、お台場、銀座、吉原……。地名の由来を知れば、人々の生活や時代が見えてくる。100万都市・江戸の町づくりを探る。

定価 本体七二四円(税別)

PHP文庫好評既刊

日本を創った12人

堺屋太一 著

聖徳太子、光源氏に始まり、池田勇人、松下幸之助まで、12人の人物考察をとおして日本と日本人の独自性を探る、渾身の長編歴史評論。

定価 本体七二四円（税別）